함허당득통화상어록
涵虛堂得通和尙語錄

동국대학교 불교기록문화유산아카이브사업단(ABC)
본서는 문화체육관광부 지원으로 동국대학교 불교학술원에서 간행하였습니다.

한글본 한국불교전서 조선 38
함허당득통화상어록

2017년 5월 30일 초판 1쇄 인쇄
2017년 6월 9일 초판 1쇄 발행

지은이 득통 기화
옮긴이 박해당
펴낸이 한태식
펴낸곳 동국대학교출판부

주소 04620 서울시 중구 필동로 1길 30
전화 02-2260-3483~4
팩스 02-2268-7851
Homepage http://www.dgpress.co.kr
E-mail book@dongguk.edu
출판등록 제2-163(1973. 6. 28)
편집디자인 꽃살무늬
인쇄처 (주)보명C&I

© 2017, 동국대학교(불교학술원)

ISBN 978-89-7801-525-7 93220

값 18,000원

이 책의 무단 전재나 복제 행위는 저작권법 제98조에 따라 처벌받게 됩니다.

한글본 한국불교전서 조선 38

함허당득통화상어록
涵虛堂得通和尚語錄

득통 기화 得通己和
박해당 옮김

동국대학교출판부

함허당득통화상어록 涵虛堂得通和尙語錄 해제

박해당
구화불교한문연구소 소장

1. 개요

『함허당득통화상어록』은 조선 초에 활동하였던 불교 승려 함허당涵虛堂 득통 기화得通己和(1376~1433)의 시문詩文과 설법 등을 기록한 것이다.

2. 저자

기화의 전 생애를 전해 주는 자료로는 그의 문인 야부野夫가 쓴 「함허당 득통 화상의 행장(涵虛堂得通和尙行狀)」이 유일하며, 『현정론顯正論』과 전여필全汝弼이 지은 「함허당득통화상어록 서涵虛堂得通和尙語錄序」에도 「행장」을 보완해 줄 수 있는 몇 가지 일화가 실려 있다. 이에 따르면 기화의 속성은 유씨劉氏이고, 본향은 중원中原이며, 1376년(고려 우왕 2)에 태어나서 1396년(조선 태조 5)에 출가하고 1433년(세종 15)에 세상을 떠났다. 처음에는 법명을 수이守伊,[1] 법호를 무준無準이라 하였지만, 1420년에 각각 기화

己和와 득통得通으로 바꾸었다. 이처럼 바뀐 법호와 법명에 당호인 함허당涵虛堂을 더하여 흔히 '함허당 득통 기화'라 부른다.

그는 어려서부터 유학을 공부하고 장성해서는 성균관에 들어가 새로 도입된 성리학을 배우고 있던 유교 지식인이었다. 불교에 대해서는 '죽이지 말라'라는 계율이 있다는 것조차 모를 정도로 무지하였으나, 출가하던 무렵 삼각산 승가사에서 한 승려와 대화하면서 불교에 대해 비로소 제대로 알기 시작하였으며, 마침내 불교에 귀의하게 되었다. 그리고 성균관에서 함께 공부하던 동무의 죽음을 계기로 삶이 덧없음을 절실하게 깨닫고, 21세 되던 1396년(태조 5) 관악산 의상암에서 출가하였다. 다음해 봄 양주의 회암사로 가서 무학 자초無學自超의 가르침을 받았으며, 이후 한동안 회암사를 떠나 있다가 1404년 봄에 다시 돌아와 약 3년 동안 머무르면서 선 수행에 힘썼다. 하루는 뒷간에 다녀와 손을 씻고 물통을 내려놓으며 "오직 이 하나의 일만이 참될 뿐 나머지 다른 것은 참되지 않다."라고 하였는데, 이것은 선적 깨달음의 일단을 드러낸 것으로 평가된다.

스승 무학이 세상을 떠난 뒤 회암사를 떠난 기화는 1406년(태종 6, 31세) 여름 이후 4년 동안 공덕산 대승사에 머물면서 반야강석般若講席을 세 차례 열었다. 1410년(태종 10, 35세) 여름부터는 천마산 관음굴에 머물다가, 1411년(태종 11, 36세) 가을부터는 불희사에서 3년 동안 결제하였다. 1414년(태종 14, 39세) 봄부터는 자모산 연봉사에 머무르며 쉼 없이 정진하였는데, 이때 당호를 함허당이라 하였다. 1417년(태종 17, 42세)부터 2년 동안 세 번에 걸쳐 『금강경오가해金剛經五家解』를 강의한 이후로는 구애됨이 없

---

1 조선 시대에는 기화 이외에도 수이守伊라는 이름의 승려가 또 있었는데, 서거정徐居正의 『사가시집四佳詩集』 45권에 실린 〈송광사에 가는 수이 상인을 배웅하며 그 자리에서 바로 써서 줌(送守伊上人住松廣寺 卽席走書贈之)〉이라는 시에 나오는 '수이 상인'이 바로 그 사람이다. 그런데 서거정의 『사가문집四佳文集』 4권에 실린 「수이 상인에게 주는 서문(贈守伊上人序)」에 의하면, 이 사람은 서거정과 친교가 있었던 도암道菴 성成 상인의 문도로서, 기화보다 뒷시대의 승려이다.

이 떠돌아다니다가 1420년(세종 2, 45세) 가을에 오대산에서 여러 성인들과 나옹 화상의 진영眞影에 공양하였다. 그날 저녁에 꿈속에서 어느 신승神僧으로부터 기화라는 법명과 득통이라는 법호를 받아 이것으로 바꾸었다. 그 후 어명으로 1421년(세종 3, 46세) 가을부터 어찰御刹 대자사大慈寺에 머무르게 되었으며, 그곳에서 왕실영가추천법회와 강설 등을 행하였다. 1424년(세종 6, 49세) 가을 대자사를 떠난 기화는 길상산, 공덕산, 운악산 등을 떠돌아다녔으며, 1431년(세종 13, 56세) 가을 희양산 봉암사를 중건하고 불교의 부흥을 위하여 노력하다가, 1433년(세종 15, 58세) 4월 1일 그곳에서 병으로 세상을 떠났다. 〈임종게臨終偈〉 2편을 남겼는데 다음과 같다.

고요하게 텅 비어	湛然空寂
본래 아무것도 없는데	本無一物
신령한 빛 밝게 빛나	靈光赫赫
온 누리를 꿰뚫어 비추네.	洞澈十方
나고 죽음을 받을	更無身心
몸과 마음 다시 없으니	受彼生死
오고 가는 데	去來徃復
얽매임도 걸림도 없네.	也無罣礙
가면서 눈 들어 보니	臨行擧目
온 누리 푸르디푸른데	十方碧落
없는 것 가운데 길이 있으니	無中有路
서방극락이네.	西方極樂

기화는 나옹에서 무학으로 이어지는 법맥을 이어받은 선승이면서도 『금강경』과 『원각경』을 주석하고 반야강석般若講席을 비롯한 강경법회講經

法會를 여러 차례 여는 등 교학敎學의 영역에서도 뚜렷한 자취를 남겼지만, 사승師承 관계에 대해서는 분명하게 알 수 없다. 제자로는 세조 대의 불경 언해 사업에 주도적으로 참여하였던 홍준弘濬, 신미信眉, 학미學眉 등이 있다.

저술로는 『금강반야바라밀경오가해설의金剛般若波羅蜜經五家解說誼』 2권, 『금강반야바라밀경윤관金剛般若波羅蜜經綸貫』 1권, 『대방광원각수다라요의경설의大方廣圓覺修多羅了義經說誼』 3권, 『선종영가집과주설의禪宗永嘉集科註說誼』 2권, 『현정론顯正論』 1권이 있으며, 그의 제자들이 그의 시문詩文과 설법 등을 모아 펴낸 『함허당득통화상어록涵虛堂得通和尙語錄』 1권이 남아 있는데, 모두 『한국불교전서』 제7권에 실려 있다.

3. 서지 사항

현재까지 전해지는 『함허당득통화상어록』의 판본은 세 가지가 있다. 먼저 정통正統 5년(1440, 세종 22)에 간행된 문인 문수文秀의 서간본書刊本은 서울대학교에 소장되어 있고, 간행 연대를 알 수 없는 판본이 동국대학교에 소장되어 있으며, 보제사普濟社에서 간행한 연인본鉛印本이 있다. 『한국불교전서』에서는 문수의 서간을 저본으로 삼고 연대를 알 수 없는 판본과 연인본을 대조 교감하여 싣고 있다. 본 서의 번역은 『한국불교전서』본을 저본으로 하고, 문맥에 따라 교감하며 진행하였다.

4. 내용과 성격

『함허당득통화상어록』의 전체적인 구성은 맨 앞에 전여필全汝弼이 지은

「함허당득통화상어록 서涵虛堂得通和尙語錄序」가 실려 있고, 이어서 목차가 나오는데, 이는 원본에 있던 것이 아니라 『한국불교전서』를 편찬하면서 보완하여 넣은 것이다. 그 뒤로 문文 29편과 가찬류歌讚類 11편, 시詩 91편, 『법화경』 뒤에 붙인 발문(法華經後跋)」이 차례로 실려 있고, 맨 뒤에는 문인 야부野夫가 지은 「함허당 득통 화상의 행장(涵虛堂得通和尙行狀)」이 실려 있으며, 발문은 따로 없다. 각각의 내용을 살펴보면 다음과 같다.

전여필이 지은 「함허당득통화상어록 서」에서는 먼저 기화의 범상치 않은 생애를 간략하게 정리하였다. 이어 문인 야부가 정리한 기화의 시문과 설법을 기화의 시자였던 학미學眉가 세상에 유통하고자 하여 자신에게 서문을 청하였다는 것을 밝히고 있으며, 기화가 자신의 외가 쪽 친척으로서 같이 유교를 공부하였다는 것과 출가한 뒤의 만남과 헤어짐 등을 간단하게 기록하고 있다. 이를 통하여 기화 어록의 간행이 야부의 손을 거쳐 학미에 의해 이루어졌음을 알 수 있다.

문 29편은 기화의 법어를 모아 놓은 것으로, 마지막의 「대중들에게 보임(示衆)」과 「염불을 권함(勸念)」 두 편을 제외한 나머지 27편은 세상을 떠난 이들에게 행한 설법이다. 이 가운데에는 태종의 비인 원경 왕후元敬王后와 태종의 넷째 아들이자 세종의 아우인 성녕대군誠寧大君, 그리고 왕실 종친인 봉녕부원군奉寧府院君 이복근李福根 같은 왕실의 사람들을 위한 것도 있고, 기화의 사형인 진산珍山 화상이나 이름을 알 수 없는 승려 같은 승려들을 위한 것도 있으며, 걸대傑大나 비돈豼豚 같은 일반 신도들을 위한 것도 있다. 기화는 공식적으로 세종 3년인 1421년부터 3년 동안 왕실 사찰인 대자사에 머물렀지만, 1420년에 세상을 떠난 원경 왕후나 1418년에 세상을 떠난 성녕대군을 위한 설법 또한 대자사에서 행하였을 것으로 보인다.

법어에서는 기화의 선사로서의 면모를 뚜렷하게 보여 주는 말들을 쉬이 찾아볼 수 있다.

산승의 지팡이가 오대산五臺山을 떠나지 않았으나 일찍이 원경元敬 왕태후의 혼령과 한자리에 모인 도인, 세속인들에게 이 일을 이미 다 말하였습니다.

「왕태후의 혼령을 천도하는 세 번째 법화회」

《새해와 지난해가 바뀌는 때를 맞아 소경공昭頃公의 혼령을 위하여 특별히 한 향로의 향을 시설하고 이어 향을 꽂으며 말하였다.》
어제는 지난해이고, 오늘은 새해인데, 그 가운데 한 말귀(一句子)가 있어 지난해에도 새해에도 포섭되지 않습니다. 소경공의 혼령이시여, 지난해에도 새해에도 포섭되지 않는 한 말귀를 알고 싶으십니까?
《말없이 한참 있다가 말하였다.》
지난해에도 새해에도 포섭되지 않는 것을 알고 싶다면, 향 연기가 피어나는 곳을 보십시오.

「새해 첫날 소경공의 혼령을 위한 법어」

전비돈全匪豚의 혼령이시여, 태어남은 한 조각 뜬구름이 일어나는 것이고, 죽음은 한 조각 뜬구름이 사라지는 것입니다. 뜬구름 자체는 본래 실체가 없어서 태어나건 죽건 오건 가건 늘 그대로입니다. 다만 하나의 물건이 있어 언제나 홀로 드러나 있는데, 담연淡然히 태어남도 죽음도 따르지 않습니다. 비돈의 혼령이시여, 담연한 한 물건을 이해하였습니까?
《말없이 한참 있다 말하였다.》
뜬구름 흩어진 곳에 만 리 먼 하늘 훤하게 열리고, 눈 뜰 때 봄빛 물든 다른 세상이 있습니다.
다시 아십시오. 불로 끓이고 바람으로 뒤흔들어 하늘과 땅이 부서져도, 고요하고 고요하게 길이길이 흰 구름 속에 있습니다.

「비돈의 혼령을 위해 내린 법어」

이처럼 기화는 죽은 이를 위한 설법에서도 선적인 깨달음의 경계를 노래하고 있는데, 이는 나고 죽음의 세계를 벗어나는 길은 궁극적으로 깨달음에 의해서만 가능하기 때문에 죽은 이들에게 그 세계를 열어 보여 줌으로써 이들이 그 세계에 함께 참여할 수 있기를 바라기 때문이다.

그러나 깨달음의 세계는 쉬이 도달할 수 있는 것이 아니기 때문에 기화는 이 밖에도 정토 신앙에 의지하여 극락왕생을 바라는 말 또한 빼놓지 않는다.

만일 이를 깨친다면 바른 눈을 뜬 것이고, 무명無明을 부순 것입니다. 성녕대군 혼령께서는 바른 눈을 떴습니까, 무명을 부수었습니까? 만일 바른 눈을 아직 뜨지 못하고, 무명을 부수지 못하였다면, 아미타불의 큰 원력을 이어받아 곧바로 아홉 가지의 연화대로 올라가 노니소서.

「성녕대군의 혼령을 위한 법어」

오역五逆·10악十惡의 죄를 모두 지은 범부라도 임종할 때 열 번 염불하면 오히려 왕생하는데, 오늘 혜봉의 혼령은 스스로는 평소에 염불하고 경전을 독송한 공덕으로 말미암고, 또한 뭇 제자들이 높이 들어 올리려는 힘으로 말미암으며, 다시 산승이 설한 법요法要로 말미암아 비록 상품上品으로 높이 뛰어오르지는 못할지라도, 틀림없이 중품이나 하품으로는 화하여 왕생할 것입니다.

「혼령을 보내며 내린 법어」

만일 자신의 본성인 아미타불을 보고 마음이 바로 정토라는 것을 통달하였다면, 혼신이 큰 세계에 노닐면서 가거나 머무르는 데 걸림이 없을 것이 분명합니다. 비록 이 같은 경계에 아직 이르지 못하였어도 아미타불의 큰 자비와 서원의 힘을 입어 공덕에 따라 아홉 종류 연꽃 속에 왕생하리라는 것은 결코 의심의 여지가 없습니다.

「상우 상암 화상을 위한 법어」

선적인 깨달음의 경지에서 보자면 세상 모든 존재는 본래 공하여 온다거나 간다고 할 만한 것이 없고, 태어났다거나 죽었다고 할 만한 것이 없다. 그렇지만 대부분의 중생들은 진리에 대한 무지인 무명에 싸여서 이를 알지 못하기 때문에 윤회를 사실로 받아들이고, 죽은 뒤의 세상이 어찌 될지 두려워한다. 이들을 구제하기 위해서는 새로운 방편이 필요한데, 이것이 바로 아미타불을 염불하면 아미타불의 서원력으로 서방정토에 왕생하여 위없는 깨달음을 얻을 수 있다는 정토 신앙이다. 따라서 선적인 깨달음과 정토 신앙은 양립할 수 없는 것처럼 보이지만, 기화는 중생의 근기에 따른 방편설이라는 관점에서 이를 수용하는 태도를 보이고 있다. 즉 근기가 뛰어나 선적인 깨달음을 증득하는 사람이라면 굳이 정토를 말할 것이 없지만, 그렇지 못한 중생이라면 정토에 왕생하여 아미타불의 가르침을 듣고 수행하는 것이 가장 바람직한 것이기 때문이다. 따라서 기화가 말하는 정토 신앙은 단지 수준 낮은 대중 신앙에 그치지 않고 수행의 방편이 된다.

상암의 혼령이시여, 만일 혼신이 큰 세계에 노닐면서 가거나 머무르는 데 걸림이 없다면 다시 이 세상에 와서 서원에 따라 중생들을 구제하시고, 만일 아홉 가지 연꽃 속에 태어났다면 눈앞에서 아미타불을 모시고 묘한 가르침을 몸소 들어 무생법을 크게 깨달은 뒤 부처님의 수기를 받아 다시 사바세계로 돌아와서 바른 깨달음을 이루는 모습 보여 주시고 큰 가르침의 바퀴를 굴려서 진리를 모르고 욕망에 빠져 있는 중생들을 널리 구제하시기를 간절히 바라고, 간절히 바랍니다.

「상우 상암 화상을 위한 법어」

여기에서 보듯이 기화에게 극락이란 죽은 뒤에 태어나 아무 걱정 없이 편히 지내는 낙원이 아니라 수행에 걸림이 되는 온갖 장애들을 떠난 좋은 환경 속에서 아미타불의 가르침을 들으며 깨달음을 얻기 위해 수행하는 곳이다. 그렇기 때문에 기화의 설법에 담긴 왕생극락의 기원의 의미는 곧 극락에 가서 열심히 수행하여 꼭 깨달음을 얻기 바라는 뜻으로 이해된다. 그리고 여기에서 선 수행과 정토 신앙을 모두 수행의 체계로 인정하는 기화의 수행론의 일단을 발견하게 된다. 따라서 죽은 이들을 위해 기화가 행한 설법들은 단지 죽은 이의 넋을 위로하고 좋은 곳으로 가기를 바라는 것에서 그치지 않고, 하루 빨리 깨달아 윤회에서 벗어나기를 바라는 진지한 수행의 권면으로 읽힌다.

죽은 이를 위한 설법이 아닌 두 가지 글 가운데「대중들에게 보임(示衆)」은 하루의 공이 매우 크다는 것을 강조하면서 부지런히 수행할 것을 권한 글이고,「염불을 권함(勸念)」은 아미타불을 염불할 것을 권하는 글이다. 후자에 보이는 아미타불 염불 수행 또한 단순한 대중 신앙의 차원에 머물지 않는데, "함께 아미타불을 염불하면 다 같이 극락 언덕에 오르고, 함께 선한 원인을 심으면 같이 불도佛道를 이루니, 같이 성불하는 바른 원인을 수많은 사람들과 더불어 맺기를 바랍니다."라는 말에서 보듯이, 여기에서도 염불은 궁극적인 깨달음을 이루기 위한 수행으로 인식되고 있기 때문이다.

가찬류 11편은 불교적인 세계를 시가의 형식으로 읊으며 찬송한 것이다. 이 가운데에는 『원각경』에 부침(圓覺經題)」이나 『법화경』에 부침(法華經題)」처럼 불교 경전을 대상으로 한 것도 있고,「법왕의 노래(法王歌)」나

「반야의 노래(般若歌)」처럼 불교의 진리나 경지를 대상으로 한 것도 있고, 「닦기를 권하여 읊음(策修吟)」이나 「스스로 기뻐하여 읊음(自慶吟)」처럼 스스로 수행을 권면하는 것도 있고, 「아미타불에 대한 찬탄(彌陁讚)」이나 「극락에 대한 찬탄(安養讚)」, 「『아미타경』에 대한 찬탄(彌陁經讚)」처럼 정토 신앙을 대상으로 한 것도 있다. 특히 정토 신앙을 대상으로 한 세 가지 찬송은 저마다 제목이 따로 붙은 10편의 시구로 각각 구성되어 있는데, 각 편마다 따라 부를 곳이 표기되어 있어서, 이 찬송들이 단지 개인적인 감흥에서 나온 것이 아니라 대중적인 신행 활동을 위한 것임을 보여 준다. 즉 당시 대중적인 신앙으로 자리 잡고 있던 정토 신앙을 토대로 하면서도, 단지 염불만의 신행 활동으로 그치는 것이 아니라, 극락 세계와 아미타불, 그리고 정토 경전의 내용을 개략적으로나마 이해하고 찬송함으로써 신행 활동을 다양화하고 수준을 높이며, 정토 신앙에 깊이를 더하기 위한 목적에서 지어진 것으로 판단된다.

시 91편은 매우 다양한 소재와 주제로 이루어져 있다. 그 가운데에는 산속에서 자연과 더불어 사는 삶의 흥취를 노래한 것도 있고, 그 맛을 모르는 세속인들을 안타까워하는 것도 있다.

텅 비고 밝은 빛 스스로 비추니 눈은 초롱초롱하고	虛明自照眼惺惺
사람이 조용하니 깊은 밤에 바람 소리만 들리네.	人定風聲半夜鳴
마음과 대상 문득 사라져 세속의 일 고요하니	心境翛然塵事寂
그 속의 맛이란 말로 표현하기 어렵네.	於中滋味說難形

〈천보산의 집에서(天寶山居)〉

산 깊고 물 조용하니 빈 골짜기에서 바람 소리 일고	山深水密生虛籟
달 밝고 바람 살랑거리니 밤기운 서늘하네.	月皎風微夜氣凉
그저 안타까운 것은 지금 사람들 밤 꿈에 젖어	却恨時人昏入夢

맑은 밤의 흥취 얼마나 좋은지 알지 못하는 것이네. 不知淸夜興何長
〈맑은 밤에 읊음(淸夜吟)〉

또한 더불어 도를 닦는 도반들과 만나고 헤어지며 느끼는 마음의 기쁨과 안타까움을 토로한 것도 있다.

한 줄기 계곡물 흘러 삼봉을 휘감으니　　　　　一磎行處遶三峯
하얀 삼봉은 푸른 하늘 높이 우뚝 솟았네.　　　　白立崔嵬聳碧空
내 아노니 그대들 이곳에 와서 송별연 베풂은　　知子於焉來餞我
물 따라 내 다시 동쪽으로 돌아오길 바라는 것이리.　望予隨水却來東
〈관음사를 떠나 속리산으로 가는데~(離觀音寺……因以詩贈之)〉

8월의 하늘 아래 구름 속에 노니니　　　　　　跋涉雲遊八月天
지나온 곳 모두 아름다운 산천이네.　　　　　　所經徒是好山川
왕방산 한 방에서 회포를 푸는 자리　　　　　　王方一室論懷處
무쇠 향로에 향은 다 타고 산머리에 해가 뜨네.　香盡金爐日上巓
〈월강 경과 급암 도 두 존숙은~(月江鏡及菴道二尊宿……因以贈之)〉

이 밖에 풍경을 읊은 작품도 있고, 수행을 권면하는 작품도 있으며, 굴원이나 오자서 같은 역사적인 인물이나 이적 같은 당시의 인물들에 대해 읊은 시도 있는 등 소재와 주제가 매우 다양하다.

한편 기화가 직면하고 있던 시대적 상황과 관련하여 세속 권력의 탄압으로 말미암은 조선 불교의 처참한 상황이나, 세속적 지배 이념인 불교와 유교의 바람직한 관계 등에 관련된 몇 편의 작품들은 특히 주목되는데, 그것은 고려 말 조선 초에 유학자들에 의해 제기된 불교에 대한 비난과 비판에 맞서 불교적 가치와 교리, 그리고 교단을 옹호하면서도 불교와 유교의 상호 이해와 공존을 주창한 『현정론』의 저자가 바로 기화이기 때문이다.

곳곳에서 절들 부순다는 소리 들으니	聞說諸方壞佛廟
괜히 두 눈에서 눈물이 흐르네.	無端兩眼淚潸然
다만 우리들 모두 덕 없음을 부끄러워하며	但慚我輩都無德
손 모으고 마음 기울여 감히 하늘에 알리네.	合掌傾誠敢告天
〈느낌(有感)〉	

이처럼 많은 절이 부서지고 승려들이 환속당하는 상황에 대한 안타까움과 이를 초래한 교단 내부의 허물을 부끄러워하는 한편, 바람직한 유교와 불교의 관계에 대해서도 말하고 있다.

그대 흐르는 물 따라 산을 나서고	君隨流水出山去
나는 둥지 찾는 저녁 새 좇아 돌아오네.	我逐尋巢莫鳥還
이에 백련사에서 셋이 웃던 모습 생각하고	因憶白蓮三笑態
어슬렁거리며 스스로 만족하니 한 몸 한가하네.	彷徨自足一身閑
〈청헌자를 배웅하느라 모르는 새 양계를 건넘(因別晴軒子不覺過羊溪)〉	

여산 호계 한 줄기 깊게 난 길	廬岳虎溪一徑深
도사와 스님, 유학자가 있네.	黃巾白衲與靑衿
세 사람 같이 걸으며 모든 것을 잊었으니	三人同步渾忘却
셋이서 웃는 소리 예부터 지금까지 높이 울리네.	三笑聲高古到今
〈여산삼소도廬山三笑圖〉	

요컨대 기화는 과거 여산에서 불교 승려 혜원과 도사 육수정, 유학자

도연명이 서로의 차별을 잊고 마음을 하나로 하여 교류하였던 것처럼 불교인들과 유교인들이 서로 배척할 것이 아니라 교류하고 이해하며 공존해야 한다는 것을 시로 읊고 있는 것이다.

한편 기화는 진리에 눈뜨지 못한 세상을 안타까워하면서 자신이 기필코 이들을 구제하고야 말겠다는 강한 서원을 읊기도 하였는데, 이는 기화가 단지 세속을 벗어나 은둔하는 삶을 즐겼던 방외인이 아니라 중생 구제의 강한 열망을 지니고 보살의 길을 가고자 하였던 수행자였음을 잘 보여준다.

정신 없는 사람 많고	惚恫人多少
어리석은 사람 끝없네.	顚蒙數莫窮
내 반드시 바른 지혜 이루어	我須成徧智
뭇 귀머거리 한꺼번에 깨우쳐 주리.	一擧覺群聾
〈시대를 탄식함(嘆時)〉	

어찌하면 봄바람처럼	安得似春風
모두가 기뻐하게 할 수 있을까.	能令箇箇歡
이 바람 이룰 수만 있다면	若能成此願
교화의 방법은 상관하지 않겠네.	化道不相關
〈봄날의 감흥(春日有感)〉	

『법화경』 뒤에 붙인 발문(法華經後跋)은 정암 도인의 주선으로 원경 왕후가 성녕대군의 극락왕생을 기원하며 『법화경』을 간행할 때에 부탁을 받고 쓴 글이다. 그런데 기화는 1420년 이후 법호와 법명을 득통 기화로 바꾸었음에도 1422년에 지은 이 글에서는 과거의 이름을 쓰고 있다. 따라서 법호와 법명을 바꾼 시기가 잘못 알려진 것이 아니라면, 바꾼 뒤에도

한동안 두 가지를 같이 쓴 것으로 추정해 볼 수 있다.

문인 야부野夫가 지은 「함허당 득통 화상의 행장(涵虛堂得通和尙行狀)」은 기화의 전 생애를 알려 주는 유일한 자료이다. 여기에는 기화의 속성과 본관, 부모와 출생에서부터 학문과 출가, 수행, 교화와 죽음, 그리고 저서에 이르기까지 모두 기록되어 있다.

5. 가치

『함허당득통화상어록』은 조선 최초의 승려 어록이라는 점에서 우선 독보적인 가치를 지닌다. 또한 어록의 구체적인 내용을 통하여 조선 초기 불교계의 신앙과 수행의 경향을 추정해 볼 수 있다는 점에서 조선 초기 불교의 연구에 매우 귀중한 자료이다. 또한 기화의 개인적인 감정과 시대적인 문제에 대한 인식과 태도, 개인적인 교유 관계 등에 대한 풍부한 자료를 담고 있어 기화에 대한 연구에서는 필수 불가결한 자료이기도 하다. 또한 조선 최초의 승려 시집이라는 점에서 조선의 불교문학, 나아가 한국의 불교문학에 대한 연구에서도 매우 귀중한 자료라고 하겠다.

6. 참고 자료

김기영 역주, 『현정론·간폐석교소』, 한국불교연구원, 2003.
김달진·현명곤 역, 『현정론·호법론』, 동국역경원, 1988.
박해당, 「기화의 불교사상 연구」, 서울대학교 대학원 박사학위논문, 1996.
원순 풀이, 『한글 원각경』, 법공양, 2000.

이인혜 역주, 『금강경오가해설의』, 도피안사, 2009.
최동호·전경욱·이창희 편역, 『선종영가집』, 세계사, 1996.

차례

함허당득통화상어록涵虛堂得通和尙語錄 해제 / 5
일러두기 / 27
함허당득통화상어록 서涵虛堂得通和尙語錄序 / 29

주 / 32

문文 29편

왕태후의 혼령을 천도하는 세 번째 법화회 薦王太后仙駕法華第三會 35
원경 왕태후의 혼령을 위한 법어 爲元敬王太后仙駕下語 38
성녕대군의 혼령을 위한 법어 爲誠寧大君仚駕下語 39
새해 첫날 소경공의 혼령을 위한 법어 正旦爲昭頃公仙駕下語 41
혼령을 맞이하는 법어 迎魂下語 42
혼령을 배웅하는 법어 送魂下語 43
봉녕군의 혼령을 위한 법어 爲奉寧君仙駕下語 45
정랑 이공전이 어머니 하씨의 혼령을 위해~ 正郞李恭全……六道普說 47
뭇 시주자들이 청한 혼령에 대한 보설 諸檀越請對靈普說 52
혼령을 맞아들이는 헌좌의 법어 迎魂獻座下語 56
현등사 원당주가 홍섭의 혼령을 위하여~ 懸燈寺願堂主爲洪涉仙駕請普說 58
옥봉의 혼령을 위해 향을 올리고~ 爲玉峰覺靈獻香獻茶獻飯垂語 61
또 내린 법어 又下語 62
혼령을 보내며 내린 법어 送魂下語 64
진산 화상을 천도하는 제문 薦珍山和尙祭文 66
진산 화상을 위해 향을 올리고 차를 올리며~ 爲珍山和尙獻香獻茶垂語 69
석종에 안치하면서 내린 법어 安鍾垂語 71
상우 상암 화상을 위한 법어 爲尙愚上菴和尙下語 76
석실 탑에 절함 拜石室塔 81
죽은 승려를 위해 내린 법어 爲亡僧下語 82

혼령을 배웅하며 내린 법어 送魂下語 ········ 85
감실을 세우며 내린 법어 起龕下語 ········ 87
장례가 끝난 뒤에 내린 법어 葬畢後下語 ········ 88
불을 붙임(2편) 下火 ········ 90
또 又 ········ 91
뼈를 뿌리며 내린 법어 散骨下語 ········ 92
걸대의 혼령을 위해 뼈를 뿌리며 내린 법어 爲傑大靈駕撒骨下語 ········ 94
비돈의 혼령을 위해 내린 법어 爲匪豚靈駕下語 ········ 97
대중들에게 보임 示衆 ········ 98
염불을 권함 勸念 ········ 99

가찬류歌讚類 11편 외

『대승기신론』의 제목을 해석함 大乘起信論釋題 ········ 100
『원각경』에 부침(16수) 圓覺經題 ········ 106
『법화경』에 부침(31수) 法華經題 ········ 112
법왕의 노래 法王歌 ········ 122
반야의 노래 般若歌 ········ 126
종풍의 노래 宗風歌 ········ 129
닦기를 권하여 읊음 策修吟 ········ 131
스스로 기뻐하여 읊음 自慶吟 ········ 136
아미타불에 대한 찬탄 彌陁讚 ········ 140
극락에 대한 찬탄 安養讚 ········ 146
『아미타경』에 대한 찬탄 彌陁經讚 ········ 152
젊은 비구 홍준이 부처님과 가르침과~ 小師洪俊······師卽應聲答曰 ········ 158
『원각경』을 다 읽었는데 때마침~ 讀罷圓覺時方雨霽因感佛化 ········ 159

시詩 91편

준 상인에게 마리산 정수암에 머물기를 권함 勸俊上人住摩利山淨水菴 160
목은의 시를 읽고 감로사를 생각하며 운을 따서 지음 因讀牧隱詩憶甘露寺次韵 161
산에서-선비를 대신하여 읊음 山中行代士吟 162
서원 허 목천에게 주는 시 與西原許木川詩 163
또 허 목천이 불살생계를 받으니 이에 『범망경』으로~ 又許木川……爲詩以勉之 165
인동 수령에게 답함(2수) 答仁同守 166
또 又 167
안 주부에게 줌 與安注簿 168
최경손 등에게 보임 示崔敬孫等 169
이적 선생의 아름다운 운을 따서~(5수) 奉次李先生逖佳韵追伸鄙懷 170
신륵사에 노닒(2수) 遊神勒 172
나옹의 시자 야운 각우에게 줌 贈懶翁侍者覺牛號野雲 173
총제 김 공의 운을 따서~ 因次惣制金公韵……美公忘形勸善 174
이 정승이 베푼 은혜에 답함(3수) 答李政承所惠 175
또 又 176
또 又 177
부채를 찾아도 쓸데없음 求扇無益 178
밤이 고요하니 계곡물 소리가 높음 夜靜溪聲高 179
산에 비기어 지음 擬山作 180
천보산의 집에서 天寶山居 181
희양산의 집에 비김 擬曦陽山居 182
돈해 상인에게 줌 與頓海 183
관음사를 떠나 속리산으로 가는데~ 離觀音寺……因以詩贈之 184
관음사의 연화승 해신이~(2수) 觀音寺緣化海信者……以詩贈之 185
또 又 186
속리동 수정교 판상의 운을 따서 지음 次俗離洞水晶橋板上韵 187
공림사에 노닒 遊空林寺 188
용화 노장에게 줌 贈龍華老 189
길에서 선재동자를 생각함 途中憶善財 190

서원 부흥사에 노닒 遊西原復興寺 191
염주를 굴리며 읊음 弄數珠吟 192
선·준 두 사미에게 보임 示仙俊二沙彌 193
일로 말미암은 감흥 因事有感 194
청헌자를 배웅하느라 모르는 새 양계를 건넘(3수) 因別晴軒子不覺過羊溪 195
또 又 196
또 又 197
소나무 껍질 밥(2수) 松皮飯 198
또 又 199
부채(2수) 扇子 200
또 又 201
운을 따라 지어 양근 수령 이李에게 줌 次韻贈楊根守李 202
운을 따라 지어 청헌자에게 줌 次韻贈晴軒 203
또 산속의 아름다운 멋 혼자 누리는 것을~ 又山中佳趣獨享爲愧 204
또 수박을 줌 又以西瓜贈之 205
월강 경과 급암 도 두 존숙은~ 月江鏡及菴道二尊宿……因以贈之 206
이 상국에게 줌 贈李相國 207
안양사에 부침 題安養寺 208
한 상국에게 주는 시 贈韓相國詩 209
머리 깎을 때의 게송 落髮偈云 210
임진강의 배 위에서 읊음 臨津舡上吟 211
8월에 부소산에서 노닒 八月遊扶蘇山 212
승천포의 배 위에서 읊음 乘天浦舡上吟 213
부소산에 올라 송도를 바라봄 登扶蘇望松都 214
정륜에게 보임 示正倫 215
굴원을 읊음 賦屈原 216
오자서를 읊음 賦五子胥 217
범려를 읊음(2수) 賦范蠡 218
또 又 219
무산을 읊음 賦巫山 220

마음속에 품은 생각을 읊음(2수) 詠懷 221
또 又 222
선방의 선승들에게 보임 示堂中禪者 223
소정·직숙 두 대인이 희양산을 방문하고~(3수) 紹丁直叔兩大人……以發一笑 224
또 又 225
또 又 226
소나무 있는 집 松堂 227
고향에 돌아감 歸鄕 228
소정을 찾아갔으나 만나지 못함 訪紹丁不遇 229
〈소나무 있는 집〉의 운을 땀(2수) 次松堂韵 230
또 又 231
오른쪽 인북루에 부침(2수) 題右人北樓 232
또 又 233
현등사에 부침 題懸燈寺 234
봄날의 감흥 春日有感 235
헤어지며 이적에게 줌 贈別李逖 236
맑은 밤에 읊음 淸夜吟 237
현등사에 머물면서~(4수) 住懸燈因不煮炙感普照淸風 238
또 又 239
또 又 240
또 又 241
이 상공의 연못과 정자에 부침 題李相公池亭 242
현등산을 떠나오는 길에 그저 읊음 辭懸燈山途中偶吟 243
시대를 탄식함 嘆時 244
상국 이적이 금강산에 놀러 갔다 돌아오니~ 李相國迹遊金剛山還書此寄贈 245
목은의 시를 보고 지음 看牧隱詩有作 246
세상 밖의 높은 자취 物外高蹤 247
장자와 노자를 찬탄함 莊老贊 248
강 위에서 江上 249
가을날 마음에 품은 생각을 적음 秋日書懷 250

빗속에서 雨中 251
길에서 지음 途中作 252
우봉 읍재를 찾아감 訪牛峯邑宰 253
지 소윤에게 줌 贈池少尹 254
관찰사 이적에게 줌 贈李觀察使迹 255
죽은 승려를 보냄 送亡僧 256
마음이 태연하면 온몸이 명령을 따름 天君泰然百體從令 257
산속의 취미 山中趣味 258
여산삼소도 廬山三笑圖 259
강서사 누각에 있는 운을 따서 지음 次江西寺樓上韵 260
세상에는 두터이 해야 할 것을 박하게 하는 경우가 셋 있음 世有薄所厚者三 261
두 공부-익재의 운을 땀 杜工部次益齊韵 262
〈두 공부〉의 운을 따서 지음 次杜工部韵 263
벽곡을 읊음 辟穀吟 264
한가한 도인을 찬탄함 贊閑道人 265
산속의 맛 山中味 266
느낌 有感 267
운악산에 노닒 遊雲岳山 268
녹사 권연에게 줌 與權錄事然 269

주 / 270

『법화경』 뒤에 붙인 발문 法華經後跋 278
함허당 득통 화상의 행장 涵虛堂得通和尙行狀 280

주 / 290

찾아보기 / 291

일러두기

1 '한글본 한국불교전서'는 문화체육관광부의 지원을 받아 동국대학교 불교학술원에서 수행하고 있는 '불교기록문화유산아카이브(ABC)사업'의 결과물을 출간한 것이다.
2 이 책의 번역은 「한국불교전서」(동국대학교출판부 간행) 제7책의 「함허당득통화상어록涵虛堂得通和尙語錄」을 대본으로 하였다.
3 번역문에 이어 원문을 수록하였다. 원문은 「한국불교전서」를 대본으로 하였으며, 띄어쓰기를 표시하기 위해 고리점(。)을 사용하였다.
4 음역어는 현재의 한문 발음대로 표기하였고, 그에 해당하는 범어 표기는 「불광대사전佛光大辭典」에 의거하였다.
5 원문의 교감 사항은 번역문의 미주와 별도로 원문 아래 부분에 제시하였다.
　　㉠은 「한국불교전서」 편찬자가 교감한 내용이다.
　　㉡은 번역자가 교감한 내용이다.
6 약물은 다음과 같다.
　　「　」: 서명
　　「　」: 편명, 신문 작품
　　〈　〉: 시, 노래(歌)
　　（　）: 대본에 없으나 상황을 이해하는 데 도움을 주기 위해 역자가 삽입한 내용에 표시함
　　Ⓢ: 산스크리트어

함허당득통화상어록 서

   대사가 명운命運을 열고 태어나니 따뜻한 기운 가득한 봄바람인 듯, 둥근 얼굴 희고 깨끗한 가을 달인 듯하였다. 장성해서는 경서에 두루 통달하였으며, 과거장에 들어가서 한번 강론하니 글을 관장하는 이들이 모두 "이치를 궁구하는 학문(窮理之學)[1]이다."라고 하였다.
   어느 날 세상이 덧없음을 보고서, 마음은 세상 밖으로 벗어나고 자취는 산속에 두면서 잃어버린 구슬[2]을 찾았는데, 몇 년 지나지 않아서 얻었다. 이에 사방에서 뵙고자 하는 것이 마치 모든 물줄기가 바다로 흘러드는 것 같았다. 세상을 떠날 때에는 신비한 빛을 띤 사리가 환하게 빛났는데, 뭇 사람들이 모두 보았다.
   문인門人 야부野夫가 대사가 평소 한 일과 사람들에게 보여 준 글귀와 게송들을 기록한 것을, 시자侍者 학미學眉가 세상에 널리 펴고자 판목에 새기게 하였으니, 살면서 세 가지 일[3]에 대해 그 도리를 다하는 경우를 내가 학미에게서 보았다. 어느 날 저녁 찍어낸 글을 손에 들고 와서 나에게 보여 주며 간절하게 그 글의 서문을 구하였다.
   아아, 물고기가 아니면 어찌 물고기의 마음을 알겠는가? 내가 아는 것으로 이르는 것이 옳은가 옳지 않은가?
   대사의 선친은 우리 선친의 외가 쪽 친족인 데다, 더욱이 대사와 나는 어려서 같이 『주역』을 읽었고, 자라서는 함께 과거를 보러 갔었으나, 대사가 산으로 들어간 뒤로 10여 년 동안은 가는 길이 서로 달라 소식이 막혔었다. 병신년(1416, 태종 16) 겨울에 내가 평산平山 학관學館의 수령으로 나갔는데, 대사가 연봉정사煙峰精舍⁴에 머물고 있어서 마침내 목소리를 듣고 얼굴을 보며 자리를 펴고 앉아 회포를 풀 수가 있었는데, 그 좋아하는 것을 관찰하고 편히 여기는 것을 살펴보니,⁵ 세운 바가 이미 참으로 뛰어났다.

을사년(1425, 세종 7) 가을에 정병을 들고 석장을 짚고 문득 유촌柳村에 들렀는데 그때 마침 내가 없었다. 이에 대사가 다음과 같은 말을 남겼다.

참구한 것 징험하려	爲驗所叅
멀리서 찾아왔으나	自遠來玆
빙 둘러 산만 에워싸고	只有四山
하늘엔 가을빛만 가득하네.	秋色浮空

그가 나를 생각하는 것이 이처럼 정성스러웠다. 이로부터 자주 만나 말을 나누었는데, 지금은 왜 이리 적막한가? 그가 세상을 떠나던 해에는 다음과 같은 구결을 보냈다.

이미 바른 길에서	旣於正道
좋은 인연을 맺었으니	結大良緣
부처님의 회상에서	願於佛會
다시 만나기를 바라네.	更得相遇

그가 나에게 은혜를 베푼 것이 이처럼 두터웠다. 그런데 지금은 어디에 있는가? 그러니 마음을 다하도록 한번도 마음에서 잊어 본 적이 없다. 이

에 그 청을 받아들여 억지로 자초지종을 기록한다.

정통正統 4년(1439, 세종 21)[6] 기미己未 가을 8월 초사흗날 유촌柳村에서 전여필全汝弼 소정紹丁이 절하며 경건하게 쓰다.

涵虛堂得通和尙語錄序[1)]

師也。啓運而生。盖春風和氣之絪縕。秋月圓容之皎潔。年已及壯。博通經書。試入講於場屋。主文者皆曰。窮理之學也。一日觀世之無常。超心物外。寄迹山中。索遺珠。不數年而得之。於是四方求見者。如衆流之宗海也。及其滅也。神光舍利。炳煥昭着。[2)] 乃衆目之咸覩也。門人野夫。記平日施爲示人句偈。侍者學眉。欲廣布於世。俾鋟于梓。生於三盡其道者。吾於眉見之矣。日之夕。手持印出文。來示於余。而懇懇求其序。噫嘻。非魚也。焉知魚乎。以吾所知者告之。可乎。不可乎。夫師之先人。吾先考之母族也。而況師與我。少共讀易。長同赴試。自入山十餘年。馳道各異。音塵相阻。歲丙申冬。余出守平山學館。師寓居煙峰精舍。遂聆音覿面。展席開懷。觀所樂察所安。則其所立。固已卓爾矣。越乙巳秋。甁錫忽入柳村。余時適不在也。贈之以言曰。爲驗所叅。自遠來玆。只有四山。秋色浮空。則其顧我者勤矣。自是而相接話者衮衮也。今何寥哉。至其將終之歲。遺之以訣曰。旣於正道。結大良緣。願於佛會。更得相遇。則其惠我者厚矣。今安在哉。是故盡其心而未甞忘于忲。[3)] 是故諾其請而强序其始終云。

時正統四年己未。秋八月。哉生明。柳村全汝弼紹丁。拜手敬書。

1) ㉔ 저본은 정통正統 5년 경신년(1440) 7월 문인門人 문수文秀 서간본書刊本(서울대학교 소장), 갑본은 간행 연도 미상본(동국대학교 소장), 을본은 보제사普濟社 간행 연인본鉛印本이다. 이 서문은 갑본에는 권말에 있다. 2) ㉔ '着'은 을본에 '著'로 되어 있다. 3) ㉙ '忲(슬퍼하다)'는 '懷'의 약자로도 쓰인다.

주

1 **이치를 궁구하는 학문**(窮理之學) : 성리학을 가리킨다.
2 **잃어버린 구슬** : 『장자』 「천지天地」 편의 "황제가 적수의 북쪽에서 유람하고 곤륜산에 오른 뒤 남쪽으로 돌아오다가 현주를 잃었다.(黃帝遊乎赤水之北。登乎崑崙之丘。而南望還歸。遺其玄珠。)"에서 나온 말로, 궁극의 진리나 도, 또는 깨달음 등을 의미한다.
3 **세 가지 일** : 부모가 살아 있을 때에는 예로써 섬기고, 돌아가신 뒤에는 예로써 장례 지내고, 예로써 제사 지내는 것을 말한다.
4 **연봉정사**煙峰精舍 : 황해도 평산군 자모산에 있던 절.
5 **좋아하는 것을~것을 살펴보니** : 『논어』 「위정爲政」 편에 "하는 것을 보고, 말미암는 것을 관찰하고, 편히 여기는 것을 살피면 사람이 어찌 숨길 수 있겠는가, 사람이 어찌 숨길 수 있겠는가?(視其所以。觀其所由。察其所安。人焉廋哉。人焉廋哉。)"라는 구절이 있다.
6 **정통**正統 **4년** : 이 해는 기화가 세상을 떠나고 6년이 지난 해이다.

함허당득통화상어록
涵虛堂得通和尚語錄[*]

---
[*] 원 제명 앞에 「행장」이 있다.(갑본, 을본)

왕태후의 혼령¹을 천도하는 세 번째 법화회²

《자리에 앉아 향을 집어 들고 말하였다.》³
　이 한 줌의 향은 그림자 없는 나무에서 채취하여 싹 나지 않는 가지에서 거두었는데 산승山僧⁴이 오늘 원경 왕후元敬王后⁵의 혼령을 위하여 손수 집어 향로에서 태우며, 원경 왕후 혼령께서 마야부인처럼 높이 올라 더러움 없는 교주(석가모니)와 같은 경지를 증득하기를 바랍니다.
　이 한 줌의 향은 뿌리가 공륜空輪⁶까지 뻗었고 잎은 유정천有頂天⁷을 덮었는데 산승이 오늘 주상 전하를 위하여 손수 집어 향로에서 태우며 주상 전하⁸께서 길이길이 임금⁹ 가운데 으뜸이 되시고 오래도록 모든 백성들의 의지처가 되어 주시기를 바랍니다.
　이 한 줌의 향은 하늘과 땅이 뿌리로 삼고, 만물이 본체로 삼는데¹⁰ 오늘 산승이 주상 전하를 위하여 손수 집어 향로에서 태우며 기원하노니, 주상 전하께서 황금 가지가 삼천대천세계三千大千世界에 무성하고 옥 잎사귀가 억만 번의 봄에 향기롭기를¹¹ 바랍니다.
　이 한 줌의 향은 그 뿌리가 깊고 깊어 잴 수가 없고 그 싹은 어둑하여 알기가 어려운데 산승이 오늘 공비恭妃 전하¹²를 위하여 손수 집어 향로에서 태우며 공비 전하의 도가 서왕모西王母¹³처럼 높아지고 공덕이 묘덕妙德¹⁴과 같아지기를 바랍니다.
　이 한 줌의 향은 그 몸체로 말하자면 몸체가 온갖 향을 다 갖추었고, 그 작용으로 말하자면 작용이 갠지스 강의 모래알처럼 많은 모든 세계에 두루 미치는데, 산승이 오늘 분향하는 대신들을 위하여 손수 집어 향로에서 태우며 분향하는 대신들이 재난이 사라지고 업장이 다하며, 복이 가득하고 지혜가 원만하기를 바랍니다.

갠지스 강의 모래알처럼 끝없이 많은 세계가 넓고 넓은 연꽃 나라로 바뀌고, 꿈틀거리며 살아가는 모든 중생들이 다 높고 높은 부처님이 되기를 두루 바랍니다.

《자리에 올라 말없이 한참 있다 한 번 외쳤다.》

산승의 지팡이가 오대산五臺山을 떠나지 않았으나 일찍이 원경 왕태후의 혼령과 한자리에 모인 도인, 세속인들에게 이 일을 이미 다 말하였습니다. 다시 말하노니,[15] 저승길이 까마득한데[16] 어찌 꼭 흰 구름 만 리에 뻗은 것일 뿐이겠습니까? 대중들이여, 흩어져 가십시오.

《바로 자리에서 내려왔다.》

薦王太后仙駕法華第三會

據座拈香云。此一辦[1]香。採取無影樹頭。收來不萌枝上。山僧今日。奉爲元敬王太后仙駕。信手拈來。爇向爐中。伏願元敬王太后仙駕。位高摩耶之聖后。證同無垢之敎主。此一辦香。根透空輪。葉覆有頂。山僧今日。奉爲主上殿下。信手拈來。爇向爐中。伏願主上殿下。永爲九五之所宗。長作億兆之所賴。此一辦香。天地以之爲根。萬物以之爲躰。山僧今日。奉爲主上殿下。信手拈來。爇香[2]爐中。伏願主上殿下。金枝茂於三千界。玉葉芳於億萬春。此一辦香。其根也深深不測。厥苗也杳杳難知。山僧今日。奉爲恭妃殿下。信手拈來。爇向爐中。伏願恭妃殿下。道高王母。功齊妙德。此一辦香。言其體則體備群芳。語其用則用周沙界。山僧今日。奉爲焚香閣下。信手拈來。爇向爐中。伏願焚香閣下。灾消障盡。福足慧圓。普願茫茫沙界。翻爲蕩蕩蓮華國。蠢蠢四生。盡作巍巍調御師。陞座。良久。喝一喝云。山僧杖不發臺山。早爲元敬王太后仚[3]駕。泊一會道俗。說破此事了也。

更敎我說。黃道黑。何啻白雲萬里。大衆。且請散去。便下座。

---

1) ㉮ '辦'은 을본에 '辨'으로 되어 있다. 다음도 같다. ㉯ 이때 '辦'이나 '辨'은 향을 세는 데 사용하는 단위인 '瓣'의 통용자이다.　2) ㉮ '香'은 을본에 '向'으로 되어 있다. 3) ㉯ '仚(날 선)'은 '仙'의 통용자이다.

원경 왕태후의 혼령을 위한 법어

　태어나는 것은 한 조각 뜬구름이 일어나는 것이고, 죽는 것은 한 조각 뜬구름이 사라지는 것입니다. 뜬구름 자체는 철저하게 공하고, 허깨비 같은 몸이 태어나고 죽는 것 또한 그러한데, 그 속에 영원하고 신령한 한 물건이 있어 겁화劫火를 수없이 겪어도 언제나 담연합니다.[17] 그래서 말하기를, "담담하기가 향수의 바다(香水海)[18]와 같고, 깊고 깊기가 보달산補怛山[19]과 다르지 않다."라고 하니, 원경元敬 왕태후 혼령과 법계의 뭇 중생들이 모두 높은 곳을 보는 눈을 떠서 부처님 나라 극락에 마음대로 노닐기를 두루 바랍니다.

爲元敬王太后仙駕下語
生也一片浮雲起。死也一片浮雲滅。浮雲自體澈底空。幻身生滅亦如然。就中一箇長靈物。幾經劫火常湛然。所以道。湛湛有同香水海。深深無異補怛山。元敬王太后仙駕。及法界諸有情。普願齊開向上眼。佛利天堂任遨遊。

성녕대군[20]의 혼령을 위한 법어

《말없이 한참 있다가 한 번 외쳤다.》

성녕대군誠寧大君의 혼령이시여, 깨어 있습니까?[21]

《향을 집어 들고서 말하였다.》

이 한 조각 향이 소경공昭頃公(성녕대군)의 티 하나 없는 눈을 뜨게 하소서.

《또 향을 집어 들고서 말하였다.》

이 한 조각 향이 소경공의 삼라만상을 통째로 밝히는 눈을 뜨게 하소서.

《또 향을 집어 들고서 말하였다.》

이 한 조각 향이 소경공의 이理와 양量이 둘 다 사라진 눈[22]을 뜨게 하소서.

두루 밝은 세 가지 눈 밖에 다시 눈이 있으니, 대중들이여, 말해 보십시오. 저 하나의 눈을 어떻게 뜨게 하겠습니까? 또 눈은 어디에 있습니까?

《말없이 한참 있다가 말하였다.》

만일 이를 깨친다면 바른 눈을 뜬 것이고, 무명無明을 부순 것입니다. 성녕대군 혼령께서는 바른 눈을 떴습니까, 무명을 부수었습니까? 만일 바른 눈을 아직 뜨지 못하고, 무명을 부수지 못하였다면, 아미타불의 큰 원력을 이어받아 곧바로 아홉 가지의 연화대[23]로 올라가 노니소서.

爲誠寧大君仚駕下語

良久。喝一喝云。誠寧大君仚駕。惺惺着。拈香云。此一片香。熏開昭頃公纖毫不掛之眼。又拈香云。此一片香。熏開昭頃公萬像頓彰之眼。又拈香云。此一片香。熏開昭頃公理量雙消之眼。三眼圓明外。更有一隻眼。大衆且道。這一隻眼。作麽生熏開。且眼在甚麽處。良久云。若向這裏會得。開得正眼了也。破得無明了也。誠寧大君仙駕。開得[1]正眼麽。破得無明麽。若也正眼未開。無明未破。好承彌陁大願力。直向九蓮臺上遊。

---

1) ㉘ '淂'은 저본에 자주 '淂'으로 쓰였다. 여기서는 본 글자인 '得'으로 고쳐 제시한다. 이하 이를 따르며 별도의 주를 달지 않는다.(편자)

새해 첫날 소경공의 혼령을 위한 법어

《새해와 지난해가 바뀌는 때를 맞아 소경공昭頃公의 혼령을 위하여 특별히 한 향로의 향을 시설하고 이어 향을 꽂으며 말하였다.》

어제는 지난해이고, 오늘은 새해인데, 그 가운데 한 말귀(一句子)가 있어 지난해에도 새해에도 포섭되지 않습니다. 소경공의 혼령이시여, 지난해에도 새해에도 포섭되지 않는 한 말귀를 알고 싶으십니까?

《말없이 한참 있다가 말하였다.》

지난해에도 새해에도 포섭되지 않는 것을 알고 싶다면, 향 연기가 피어나는 곳을 보십시오.

正旦爲昭頃公仙駕下語
奉爲昭頃公仙駕。是當新舊之交。特設一爐之香。遂挿香云。昨日是舊歲。今朝是新年。中有一句子。新舊兩不攝。昭頃公仚駕。要識不攝新舊底一句麽。良久云。欲識不攝新舊底。須[1]向香煙起處看。

---

1) ㉮ '須'는 저본에 자주 '湏'로 썼다. 여기서는 본 글자인 '須'로 고쳐 제시한다. 이하 이를 따르며 별도의 주를 달지 않는다.(편자)

혼령을 맞이하는 법어

날씨는 맑고 주변은 조용하며, 구름은 옅고 바람은 잔잔한데, 번기와 꽃(幡花)은 하늘을 뒤덮고 종소리와 범패 소리는 허공에 울립니다. 혼령을 모시고 단에 올라 효자가 땅에 엎드리니, 산문山門의 사물들이 빛을 더하고, 법당에서는 금빛 얼굴(金容, 부처님 얼굴)이 얼굴빛을 바꾸며, 우의정右議政 춘곡春谷 정 상국鄭相國[24]의 혼령이 그 얼굴 그대로 옵니다.

비록 이와 같으나 무엇을 일러 정 상국의 얼굴이라 하겠습니까?

《말없이 한참 있다가 말하였다.》

본래의 참된 얼굴은 왼쪽이건 오른쪽이건 눈에 보이는 것이 바로 그것이니 머뭇거리며 의심하지 마십시오. 정 상국 혼령의 얼굴이 모두 드러나니 대중들이 바라를 치며 꽃자리로 맞아들입니다.

迎魂下語

晨淸境靜。雲淡風微。幡花蔽天。鍾梵搖空。靈馭登壇。孝子伏地。山門物像添光。殿裏金容動色。右議政春谷鄭相國仙駕。依俙面目。髣髴來儀。雖然如是。喚什麽作鄭相國面目。良久云。天眞面目。左之右之。觸目便是。不用遲疑。鄭相國仙駕。面目都敗露。大衆聲鈸。奉迎花筵。

혼령을 배웅하는 법어

날씨는 맑고 따뜻하며 산문山門은 고요한데 수레가 문을 나서고 대중들이 가지런히 서 있으니 정 상국鄭相國의 혼령을 배웅하는 때가 아닙니까? 정 상국의 혼령이 숨을 바꾼 뒤 오늘로 벌써 50일 남짓 되었습니다. 처음 첫 번째 7일부터 마지막 일곱 번째 7일까지 다 지났는데, 그 사이의 갖가지 장엄구와 훌륭한 많은 일들이 모두 상국의 혼령을 위해 왕생하는 길을 천도하여 닦는 것 아님이 없습니다. 천도하여 닦는 일은 없지 않지만, 무엇이 왕생하는 길입니까? 보고 듣고 느끼고 아는 일에 막힘이 없고, 소리·냄새·맛·감촉에서 언제나 삼매에 들어 있습니다. 이것을 이해한다면, 다시 어디에서 따로 왕생의 길을 논하겠습니까? 정 상국의 혼령이시여, 막힘이 없고 언제나 삼매에 드는 것을 이해하였습니까? 세상을 비추는 무심한 등불은 바람이 불어도 빛은 흔들리지 않습니다. 이 길은 본래 넓고 평탄하나 다만 내딛기가 어려울 뿐인데, 상국의 혼령이시여, 내딛으셨습니까, 아직 아닙니까? 만일 내딛고자 한다면 내 가리키는 바를 따르십시오.

《주장자를 한 번 휘두르고는 말하였다.》

만일 이 길을 밟으면 한 걸음도 움직이지 않고도 곧바로 깨달음의 길에 오를 것이고, 만일 이 길에서 어긋난다면,

《손으로 무량수불無量壽佛을 가리키며 말하였다.》

또한 무량수불의 무량한 광명 속으로 몸을 돌려 나아가십시오.

送魂下語

天日淸和。山門閴寂。軒盖出門。大衆齊立。莫是鄭相國仙駕。奉送底時節麽。鄭相國仙駕。轉息已來。今已五十餘日。始從初七。究竟經於七七。其間種種嚴具。般般勝作。莫不皆爲相國仙駕。薦修徃生之路。薦修則不無。

怎麼生是往生之路。見聞覺知無障导。聲香味觸常三昧。若向這裏會去。更向什處。別討往生之路。鄭相國仙駕。還會得無障导常三昧麼。照世無心燈。風吹光不掉。此路從來廣坦。只是下脚也難。相國仙駕。還能下脚也未。若要下脚。隨我指示。以拄杖畫一下云。若也踏著此路。不動一步。便登覺路。若也差過此路。以手指無量壽云。且向無量壽無量光明中。轉身去也。

봉녕군[25]의 혼령을 위한 법어

《말없이 한참 있다 한 번 외쳤다.》

금강金剛의 칼 크게 한번 뒤집으니 많은 풍광風光이 이로부터 생겨납니다. 봉녕군의 혼령이시여, 깨어 있습니까? 금강의 몸을 사물마다 원만하게 이루고 있고, 무량수불無量壽佛을 사람마다 다 갖추고 있습니다.

《오른손으로 염주를 들고서 말하였다.》

이는 금강의 몸의 바른 눈입니다.

《또 왼손으로 염주를 들고서 말하였다.》

이는 무량수불의 자비광명(慈光)입니다. 자비광명이 비치는 곳에 오온五蘊[26]의 뜬구름 다 녹고, 바른 눈을 뜰 때 삼천대천세계를 모두 비춥니다.

이 일은 우선 제쳐두고, 대중들이여, 말해 보십시오. 어디에서 금강의 몸을 받고 어디에서 무량수불을 얻습니까?

《염주를 한 번 치고서 말하였다.》

이를 깨닫고 보면 금강의 몸은 다른 것에서 얻을 수 없고, 무량수불 또한 밖에서 오는 것이 아닙니다. 하지만 비록 이와 같더라도 무엇을 금강의 몸이라 부르고 무엇을 무량수불이라고 부르겠습니까?

《말없이 한참 있다가 말하였다.》

한 생각 기틀을 돌리면 그 자리가 바로 이것인데, 그림자를 잡으려는 원숭이처럼 미혹되어 스스로 돌아오지를 못하네.

봉녕군의 혼령이시여, 이것을 알았습니까? 한 생각 기틀을 돌렸습니까? 만일 한 생각 기틀을 돌리면 단계를 거치지 않고도 부처의 경지에 곧바로 올라가며, 만일 이를 깨달았다면 무량한 묘한 작용은 구하지 않고도 저절로 얻게 됩니다. 이런 경지에 이르면 어찌 생사가 벗어날 것이고, 어찌 열반이 구할 것이겠습니까? 태어나고 죽는 일에 크게 자재로워서 거꾸로 쓰고 마음대로 취해도 아무런 걸림이 없을 것이니 어찌 통쾌하지 않겠습니까, 어찌 시원하지 않겠습니까?

봉녕군의 혼령이시여, 이런 경계에 이르렀습니까? 아직 아니라면 산승이 다시 곡진하게 방편을 내려 주겠습니다. 봉녕군의 혼령이시여, 이 안에서 편히 쉬십시오.

《이어 향을 집고서 말하였다.》

한 조각 향 연기 향기로운 곳에 다섯 가지 청정법신淸淨法身[27] 나투시네.

爲奉寧君仙駕下語

良久。喝一喝云。金剛鈯下飜一擲。多少風光從此生。奉寧君仙駕。惺惺着。金剛身物物圓成。無量壽人人具足。右手擧數珠云。此是金剛身之正眼。又左手擧數珠云。此是無量壽之慈光。慈光照處。爍破五蘊之浮雲。正眼開時。照破三千之世界。此則且置。大衆且道。向甚麽處。稟金剛身。向甚麽處。獲無量壽。以數珠打托一下云。了得這介。[1] 金剛身匪從他得。無量壽亦非外來。然雖如是。喚什麽作金剛身。喚什麽作無量壽。良久云。一念回機。直下便是。迷不自返。如猿捉影。奉寧君仙駕。還了得這介麽。還一念回機麽。若也一念回機。不歷階梯。徑登佛地。若也了得。這介無量妙用。不求自得。得到這般田地。何生死之可脫。何涅槃之可求。出生入死。得大自在。倒用橫拈。也無罣㝵。豈不快哉。豈不暢哉。奉寧君仙駕。還得到這般底境界麽。其或未然。山僧更爲之曲垂方便去也。奉寧君仙駕。請從這裏。得休歇去。遂拈香云。一片香烟芬馥處。熏現五分淨法身。

---

1) ㉩ '介'는 을본에 '個'로 되어 있다. 다음도 같다.

정랑 이공전이 어머니 하씨의 혼령을 위해 청한 육도보설六道普說[28]

《자리에 올라 말하였다.》

하씨河氏의 혼령은 전생에 선근善根을 두루 심어 대갓집에 태어났으며, 본바탕 또한 영민하여 보통 사람과 짝할 바가 아니었습니다. 아버지는 한 나라의 큰 재상으로 밖으로 훌륭한 덕을 넓혀 공명이 세상을 덮었고, 어머니는 국대부인國大夫人으로 안으로 가업을 돈독히 하고 자손들을 착하고 훌륭하게 키웠습니다. 남편이 총제總制가 되니 하씨 자신은 부인이 되었습니다.

그 덕을 칭송하자면 아름다움을 시샘하는 용렬한 모습이 일찍이 없었고, 집안을 일으킬 수 있는 강하고 바른 성품을 자못 지녀 가업이 날로 새로워지고 위아래가 화목하게 하였습니다. 그래서 선을 쌓음에 경사가 넘쳐 자손이 집안에 가득하고 노비도 많았으니[29] 당신이 이 세상에 산 것은 천만 가지로 풍족하였다 할 수 있습니다. 한스러운 것은 돌아가는 길이 너무 빨라 오래도록 부귀를 누리지 못한 것입니다. 그러나 비록 이러하지만 무상無常이라는 두 글자는 온 세상 누구도 피하기 어려워서 부처님을 제외하고, 현명하고 지혜로운 이들부터 그 밑으로 어느 누구도 무상에 먹히는 것을 피할 수 없습니다. 이로 보자면 살아 있거나 죽었다고 어찌 기뻐하고 어찌 슬퍼하겠습니까?

지금 눈앞에 있는 효자孝子 정랑正郎 이공전李恭全 등이 하씨를 위하여 재를 닦고 복을 빈 지 이미 다섯 번째 7일의 저녁이 되었는데, 오늘 저녁에는 특별히 산승에게 법어를 설해 달라고 청하였습니다. 산승은 업의 뿌리가 아직도 남아 있고 도안道眼은 아직 뜨지 못하였으니, 이익이 되는 설법을 해 주기 바라는 사람들의 청을 감당할 수 없으나, 모든 부처님의 위신력威神力을 우러러 의지하면 효자의 지극한 성의를 겨우 감당할 수 있을까 하여 억지로 이 자리에 올라왔습니다.

이미 지극한 성의를 감당하기로 하였으니 어찌 감히 말이 없을 수 있겠습니까? 하씨의 혼령과 여러 불자들은 지극한 마음으로 잘 듣고 깨끗한 마음으로 들으십시오. 이 자리에 모인 대중들에 이르기까지 마땅히 저마다 하나의 경계에 마음을 침잠하고 만 가지 인연을 거두어들여 다른 경계를 따르지 마십시오.

《자리에 앉아 말없이 한참 있다 죽비竹篦를 들고서 말하였다.》

보았습니까?

《죽비를 한 번 치고는 말하였다.》

들었습니까? 한 생각이 아직 싹트지 않아 보고 듣는 작용이 아직 일어나지 않았을 때, 이것은 어떤 얼굴입니까? 이미 보고 듣고 난 뒤에는 다시 어떤 얼굴입니까? 이 같은 얼굴을 이해하고 이처럼 수용할 수 있는 이는 고요할 때는 바다나 하늘처럼 맑아서 온통 인연을 따르면서도 적적함에 들어맞고, 움직일 때에는 물결이 솟구치고 바다가 들끓는 듯하지만, 온전한 진체 그대로 운용할 것입니다. 바로 이러한 때를 당해서는 더러움과 깨끗함의 분별이 없으니, 어찌 성인과 범부의 차이가 있겠습니까? 아직 이 같지 못하므로 더러움이 있고 깨끗함이 있고 범부가 있고 성인이 있습니다. 그래서 진여眞如의 깨끗한 법계는 한번에 사라져 존재한 적이 없지만, 더럽고 깨끗한 연을 따라 10법계十法界로 나뉜다고 말합니다. 10법계에는 여섯 가지 범부와 네 가지 성인의 분별이 있으니, 아귀, 지옥, 축생, 수라脩羅, 사람, 하늘 중생(人天)을 여섯 가지 범부(六凡)라 하고, 성문聲聞, 연각緣覺, 보살菩薩, 부처님(佛)을 네 가지 성인(四聖)이라 합니다. 그 더러움을 말하자면 삼독三毒이 있고, 10악十惡이 있으며, 그 깨끗함을 말하자면 삼승三乘이 있고, 일승一乘이 있고, 사성제四聖諦와 인연因緣(諦緣)이 있고, 육도六度가 있습니다. 한 생각 사랑하는 마음이 지옥 종자種子를 훈습熏習하여 일으키고, 한 생각 탐내는 마음이 아귀 종자를 훈습하여 일으키고, 한 생각 어리석은 마음이 축생 종자를 훈습하여 일으키고, 한 찰나 성내는 마음이 수라 종자를 훈습하여 일으키고, 오계五戒를 굳건하게 지니고 10선十善을 널리 닦으면 사람과 하늘 중생의 종자를 훈습하여 일으키니, 이것이 여섯 가지 범부가 생겨난 연유입니다. 사성제와 인연의 가르침을 들어 이승二乘 종자를 훈습하여 일으키고, 육도六度를 닦아 보살 종자를 훈습하여 일으키고, 일승으로 말미암아 여래如來 종자를 훈습하여 일으키니, 이것이 네 가지 성인이 생겨난 연유입니다. 네 가지 성인과 여섯 가지 범부는 없지 않다 해도, 대중들이여, 우선 말해 보십시오.

《죽비를 들고서 말하였다.》

이 한 자루의 죽비는 지옥입니까, 아귀입니까, 축생입니까, 수라입니까, 사람입니까, 하늘 중생입니까, 성문입니까, 연각입니까, 보살입니까, 부처님입니까? 부처님도 얻을 수 없고, 보살도 얻을 수 없고, 연각도 얻을 수 없고, 성문도 얻을 수 없고, 하늘 중생도 얻을 수 없고, 사람도 얻을 수 없고, 아귀·지옥·축생에 이르기까지 모두 얻을 수 없으며, 저 얻을 수 없는 자리 또한 얻을 수 없습니다. 이미 이와 같으니 이 한 자루 죽비를 끝내 무엇이라고 불러야 하겠습니까? 그저 네 가지 성인, 여섯 가지 범부의 법계와 같은데, 어디에 두어야 합니까?

《죽비를 한 번 치고는 말하였다.》

부처도 없고 가르침도 없습니다. 모래알처럼 많은 대천세계도 바다의 물방울 같고, 모든 성현들은 번개가 번쩍이는 것과 같습니다. 꿈속에서는 분명하게 육취六趣가 있으나 깨고 나면 텅 비어 대천세계大千世界가 없습니다. 그래서 이 법계에서 흘러나오지 않은 것도 없고, 이 법계로 돌아가지 않는 것도 없다고 말하니 자중자애하십시오.

《바로 자리에서 내려왔다.》

正郞李恭全爲母河氏仙駕請六道普說

陞座云。河氏靈駕。宿布善根。生在大家。天資亦敏。不與庸人作對。先考也。爲一國大相。外弘良德。功名盖世。先妣也。爲國大夫人。內敦家業。善良兒孫。且先君爲懇制。已[1]躬爲夫人。稱其德。則曾無妬美庸姿。頗有起家風骨。致令家業就新。上下和睦。所以積善餘慶。子孫滿堂。奴婢如織。座下。居人世上。可謂千足万足。所恨飯程大速。不能長享富貴耳。然雖如是。無常二字。擧世難逃。除佛一人。賢智以下。無有一人。不[2]避無常呑。據此觀之。若存若亡。何欣何戚。現前孝子正郞李恭全等。爲之修齋追福。已屆五七之夕。今霄[3]特請山僧。爲說法語。山僧。業根猶存。道眼未圓。不堪當人請益。仰仗諸佛威神。近荷孝子至誠。强登此座。旣荷至誠。安敢無言。河氏靈駕。洎諸佛子等。至心諦聽。淨心聽取。洎在會衆等。各宜冥心一境。收攝万緣。不得攀緣異境。據座。良久。擧竹篦子云。見麽。打托一下云。聞麽。一念未萌。見聞未興。是介甚麽面目。旣見旣聞。更是介什麽面目。了得如是面目。善能如是受用者。靜則海淡空澄。擧隨緣而會寂。動則波騰海沸。全眞體以運用。正當恁麽時。無有染淨之分別。焉有聖凡之差殊。未能如是。所以有染焉。有淨焉。有凡焉。有聖焉。所以道。眞如淨法界。一泯未嘗存。能隨染淨緣。遂分十法界。十法界者。有六凡四聖之分。鬼獄傍生脩羅人天。謂之六凡。聲聞緣覺菩薩佛。謂之四聖。言其染。則有三毒焉。有十惡焉。語其淨。則有三乘焉。有一乘焉。有諦緣焉。有六度焉。一念愛心。熏發地獄種子。一念貪心。熏發餓鬼種子。一念癡心。熏發畜生種子。一念嗔心。熏發脩羅種子。堅持五戒。廣修十善。熏發人天種子。此六凡之所由興也。聞諦緣而熏發二乘種子。御六度而熏發菩薩種子。因一乘而熏發如來種子。此四聖之所由興也。四聖六凡則不無。大衆且道。擧竹篦子云。只這一條竹篦子。是地獄耶。是餓鬼耶。是畜生耶。是脩羅耶。是人道耶。是天道耶。是聲聞耶。是緣覺耶。是菩薩耶。是佛耶。佛也不可得。菩薩也不可得。緣覺也不可得。聲聞也不可得。天道也不可得。人道也不可得。

乃至鬼獄旁生。愁不可得。和這不可得處。亦不可得。旣然如是。只這一條竹篦子。畢竟喚作甚麼則得。只如四聖六凡法界。向甚麼處安着。以竹篦子打托一下云。亦無佛亦無法。大千沙界海中漚。一切聖賢如電拂。夢裏明明有六趣。覺後空空無大千。所以道。無不從此法界流。無不還歸此法界。珍重。便下座。

---

1) ㉮ '已'는 '己'의 오자이다.　2) ㉯ '不'은 을본에는 없다. 번역은 을본에 따른다.　3) ㉰ '霄'는 을본에 '宵'로 되어 있다. 번역은 을본에 따른다.

뭇 시주자들이 청한 혼령에 대한 보설

《자리에 올라 말하였다.》

이름이 나열된 혼령들과 이 자리에 모인 여러 불자들은 잘 들으십시오, 잘 들으십시오. 법 자리(法筵) 만나기 어렵기는 작은 티끌을 바늘에 던져 맞히는 것(纖芥投針)과 같고,[30] 바른 가르침(正法) 듣기 어렵기는 눈먼 거북이 구멍 뚫린 나무를 만나는 것(盲龜遇木)과 같습니다. 그래서 옛사람이 가르침을 중시하고 재물을 가벼이 여겨 금 실어 오기를 시장에 내다 팔듯 하였으며,[31] 가르침을 위하여 몸을 버려 눈이 허리까지 쌓이도록 서 있었습니다.[32] 그런 까닭은 금은 몸 밖에 떠도는 티끌 같고 목숨은 한순간 모여 있는 물거품 같기 때문입니다. 금이 비록 지극히 귀하다 해도 끝내는 기왓장이나 돌멩이와 같으니 어찌 지극한 가르침과 같으며, 목숨이 비록 아낄 만하지만 순식간에 곧 사라져 버리니 어찌 참된 가르침과 같겠습니까? 단지 지극한 가르침, 참된 가르침이라면 그것으로 생사를 벗어날 수도 있고, 그것으로 범부를 바꾸어 성인이 될 수도 있으니, 옛사람이 가르침을 중시하고 재물을 가벼이 여기며, 가르침을 위하여 몸을 버린 까닭이 바로 이 때문입니다.

오늘, 아무개 아무개 씨가 아무개 아무개의 혼령을 위해 지닌 것을 모두 희사하여 지극한 정성으로 천도하고 복을 빌어 몇 번이나 수륙재水陸齋를 시설하여 명복을 닦았고 몇 번이나 대승의 가르침을 굴려 천발薦拔하였으니 정성이 지극한 곳에 이르렀지만 오히려 만족스럽게 여기지 않고, 또 이 산에서 이달 이날을 가려 정해서 함께 수륙법회水陸法會를 열어 왕생의 길을 닦으면서, 다시 산승에게 법요法要를 설해 줄 것을 청하였습니다. 청이 있으면 응답이 없을 수 없어 사양하지 못하고 대략 채찍의 그림자나마 보일 것이니 이름이 열거된 혼령들과 뭇 불자들은 잘 들으십시오, 잘 살피십시오.

《말없이 한참 있다 말하였다.》

여러 불자들은 산승의 깊고 깊은 뜻을 이해하였습니까? 당시 마갈다국 摩竭陀國에서도 이처럼 널리 알렸고,³³ 옛날 비야리성毘耶離城에서도 또한 일찍이 누설하였는데,³⁴ 산승이 오늘 이 소식을 잡아 들고 두루 여러 불자들에게 두 손으로 나누어 주는 것입니다. 여러 불자들은 짊어진 것이 있습니까? 만일 짊어진 것을 보낼 수 있다면 곧 생사의 바다에서 짧은 것을 긴 것으로 바꾸고, 거친 것을 묘한 것으로 바꿀 수 있습니다. 또한 한 줄기 풀(一莖草)을 집어 1장 6척의 부처의 몸(丈六金身)을 만들 수도 있고, 1장 6척의 부처의 몸으로 한 줄기 풀을 만들 수도 있습니다. 하는 행위대로 자유롭게 가거나 머물지 못할 것이 없으니, 어찌 다시 많은 방편의 문을 써서 몸이 벗어나는 길을 구하겠습니까? 아무개 아무개의 혼령과 여러 불자들이여, 만일 이 문에 어긋난다면 아무개 아무개 시주가 높이 들어올리려는 정성을 이어받고, 또한 산승이 설한 법요로 말미암아 함께 괴로움의 수레바퀴에서 벗어나고 함께 깨달음을 증득하기 바랍니다.

그럼 말해 보십시오. 무엇이 괴로움의 수레바퀴를 벗어나는 것이고, 깨달음을 증득하는 자리입니까? 모두 위로 향하는 눈을 뜨고, 범부와 성인이라는 견해에 빠지지 마십시오. 괴로움의 수레바퀴를 벗어나고 깨달음을 증득하는 것은 없지 않겠지만, 무엇을 위로 향하는 눈이라고 부르겠습니까?

《오른손으로 염주를 들고 말하였다.》

이 눈이 뜨일 때 중생과 부처가 다 사라지고 죄와 복은 있을 곳이 없으리라.

《왼손으로 염주를 들고 말하였다.》

이 눈이 뜨일 때 법들이 함께 일어나고 인과因果가 뚜렷하리라.

《두 손으로 염주를 들고 말하였다.》

이 눈이 뜨일 때 밝고 어두움이 교차하고, 검고 하얀 것을 나누기 어려우리라.

다시 한 눈이 있는데, 이 눈이 뜨일 때 무슨 작용처가 있습니까? 다만 위로 향하는 눈과 같을 뿐이니 이것은 세 눈에 포섭됩니까, 한 눈에 포섭됩니까?

《말없이 한참 있다 말하였다.》

셋과 하나가 서로 포섭하지 않으니, 모름지기 위로 향하는 눈을 알아야 하리라.

《염주를 던지고서 바로 자리에서 내려갔다.》

諸檀越請對靈普說

陞座云。列名靈駕。與在會諸佛子等。諦聽諦聽。法筵難遇。纖芥投針。正法難聞。盲龜遇木。所以古人。重敎輕財。輸金若市。爲法亡躬。立雪齊腰。所以然者。金是身外之浮塵。命是一期之聚沫。金雖至貴。而竟同瓦礫。豈齊至敎。命雖可愛。而須臾便滅。曷若眞詮。只如至敎眞詮。則以之可以超生越死。以之可以革凡成聖。古人所以重敎輕財。爲法亡躬。正爲此也。今某某氏。爲某某靈駕。捨盡所有。至誠薦福。幾度設水陸而追修。幾度轉大乘而薦拔。誠至之極。尙以爲歉然。亦於是山。擇取是月是日。同設水陸法會。用修徃生之路。復請山僧。爲說法要。有請不可無酬。事不獲已。略垂鞭影。列名靈駕。與諸佛子衆。諦聽諦察。良久云。諸佛子衆。還會山僧深深意旨麽。摩竭當年。有此榜樣。毗耶昔日。亦曾漏洩。山僧今日。把着此介消息。普與諸佛子。兩手分付去也。諸佛子衆。還有荷擔者麽。若也荷擔得去。便能於生死海中。易短爲長。易麁爲妙。亦能拈一莖草。作丈六金身。以丈六金身。作一莖草。隨所作爲。無不自由去在。何更用多方便門。以求出身之路。某某靈駕。與在會諸佛子衆。若也差過此門。願承某某施主薦拔之誠。亦因山僧所說法要。同脫苦輪。共訂¹⁾菩提。且道。怎麼生。是脫苦輪證菩提處。齊開向上眼。不墮凡聖見。脫苦輪證菩提。則不無。喚什麼作向上眼。以右手擧數珠云。此眼開時。生佛俱沉。罪福無處。以左手擧數珠云。此眼開時。法法俱興。因果歷然。以兩手擧數珠云。此眼開時。明暗交叅。皂白難分。更有一眼。此眼開時。有甚麼用處。只如向上眼。爲是三眼所攝。爲是一眼所攝。良久云。三一不相攝。須知向上眼。擲數珠。便下座。
———————
1) ㉑ '訂'과 '證'은 통용된다.(저본)

혼령을 맞아들이는 헌좌의 법어

하씨河氏의 혼령은 50여 년 동안 꿈속의 집에 머물러 있다가 지금에야 벗어났으니 통쾌하기가 하늘에 오른 듯합니다. 이미 이러하니 가고 오며 떠나고 돌아오는 데 어찌 걸림이 있겠습니까? 통쾌함은 없지 않겠지만, 오고 가는 소식은 압니까? 만일 아직 알지 못한다면 산승이 가르쳐 주겠습니다.

몸은 옮기지만 발걸음은 옮기지 않고, 발걸음은 옮기지만 몸은 옮기지 않으니, 단지 이 하나의 공한 몸이 오고 가는 데 얽매임이나 갇힘이 없습니다.

이는 우선 제쳐두고 대중들은 먼저 말해 보십시오. 대지가 온통 사문의 외눈(一隻眼)이니[35] 지금 하씨의 혼령에게 어디에서 자리를 주어야겠습니까?[36] 대중 가운데 말할 수 있는 이가 있습니까? 만일 없다면 산승이 스스로 말하겠습니다.

《부채로 영실靈室을 가리키며 말하였다.》

이 안에 안치하십시오. 이곳은 법이 머무는 곳이고 법의 자리지만 세간의 모습이 상주하고 있는데, 지금 하씨의 혼령이 이미 이 안에 안착하였으니 상주한다고 부를 수 있겠습니까? 생겨남은 본래 생겨남이 없는데 어떤 생겨남으로 인해 생겨나고, 사라짐은 본래 사라짐이 없는데 어떤 사라짐으로 인해 사라집니까? 생겨나고 사라짐이 본래 비었으나 실상은 상주합니다. 다시 할 말이 있노니, 높이 보십시오.

꽃은 그저 어지러이 떨어지지만, 공한 성품에는 본래 태어남이 없도다.

迎魂獻座下語

河氏靈駕。五十餘載。滯在夢宅。如今脫殼。快如騰虛。既然如是。去來往復。焉有罣㝵。快則不無。還識得去來底消息麼。若未識得。山僧指示去也。

移身不移步。移步不移身。只這一空身。去來無羈鎖。此則且置。大衆且道。盡大地。是沙門一隻眼。即今河氏靈駕。向甚麼處與座。衆中還有道得者麼。如無。山僧自道去也。而扇子指靈室云。向這裏安。是法住法位。世間相常住。即今河氏靈駕。旣向這裏安着。喚作常住得麼。生本無生。以何生生。滅本無滅。以何滅滅。生滅元虛。實相常住。更有語在。請高着眼。任他花亂墜。空性本無生。

현등사 원당주가 홍섭[37]의 혼령을 위하여 청한 보설

《자리에 올라 말없이 한참 있다 한 번 외쳤다.》

홍 상국洪相國의 혼령과 여러 불자들은 아십니까? 만일 한 번 외침에 크게 한번 몸을 뒤집어 던지면 어찌 다시 이러니저러니 힘들게 입을 열어 보여 주겠습니까? 혹 아직 그렇지 못한 이들이 있으니 산승이 갈등葛藤 속으로 들어감을 아직 면하지 못하였습니다.

상공이 살아 있을 때에 몸은 부귀 속에 거처하여 힘들게 일하는 수고로움을 거치지 않았고, 지위는 높은 벼슬(三台)[38]을 지내며 군왕의 문에 출입하였습니다. 왕의 명을 맡은 신하로서 총망寵望이 그 몸에 돌아갔고, 왕의 팔다리처럼 보좌하는 신하로서 권력이 손바닥 안에 있었으니, 이 세상에 사는 것이 천만 가지로 풍족하였다 할 수 있습니다. 이제 껍데기를 벗어나 손을 놓고 곧바로 생사의 언덕을 지나가는데, 과연 뜻하는 대로 됩니까, 안 됩니까?

옛사람이 이와 같이 말하였습니다.

> 상相에 머물러 보시하여 하늘 중생으로 태어나는 복을 받아도
> 하늘 높이 쏘아 올린 화살과 같으니
> 힘이 다하면 화살이 다시 떨어지듯이
> 내생에 태어나는 것이 뜻대로 되지 않네.[39]

무릇 보시하는 사람은 사람이나 하늘 중생으로 태어나는 뛰어난 과보를 얻지만, 머무름이 없는 경지가 아직 아니라면 오히려 뜻대로 될 수 없습니다. 하물며 보시의 공이나 머무름이 없는 덕이 전혀 없다면 그 과보가 어떠할지 분명하게 헤아려 볼 수 있습니다. 홍 상국의 혼령은 살아 있을 때에 보시하였습니까, 안 하였습니까? 또한 머무름이 없었습니까, 아

니었습니까?

　깨달으면 업장이 본래 공하지만, 아직 깨닫지 못하였으면 모름지기 전생의 빚을 갚아야만 합니다. 홍 상국의 혼령과 뭇 불자들은 깨달았습니까, 아닙니까? 만일 깨달았다면 생사에 드나드는 데 아무런 걸림이 없을 것이고, 혹 아직 그렇지 못하다면 모름지기 산승의 한 자루 부채의 위광을 빌려야 비로소 무명의 껍데기를 부수고 지혜의 빛을 비출 수 있을 것입니다. 홍 상국의 혼령과 불자들은 부채가 설하는 가르침을 잘 들으십시오.

　《부채를 들고서 말하였다.》

　이 한 자루 부채는 본래 대광명장大光明藏에 머물러 있었으나, 오늘 홍 상국의 혼령과 여러 불자들을 위하여 대비심大悲心을 움직여 광명장光明藏을 나와 미묘한 게송(伽陁)을 설합니다.

　　모든 것은 무상하니
　　이것이 나고 죽는 것이다.
　　나고 죽음이 다 사라지면
　　적멸하여 즐겁도다.

　대중들은 말해 보십시오. 나고 죽는 것과 적멸한 것이 하나입니까, 둘입니까?

　《말없이 한참 있다 말하였다.》

　배를 모는 것은 키잡이에게 달렸으니 물결이 땅에서 일어난다고 누가 말합니까? 키잡이가 보면 반 푼의 값어치도 없습니다.

　《부채를 던지고서 바로 자리에서 내려갔다.》

懸燈寺願堂主爲洪涉仙駕請普說

陞座。良久。喝一喝云。洪相國仙駕。洎諸佛子衆。會麽。若於喝下翻身一擲。何更喃喃苦口開示。其或未然。山僧未免打入葛藤去也。相公在生之日。身居富貴之中。不經般運之勞。位曆[1]三台。出入君門。爲王之喉舌。寵望歸己。爲王之股肱。權衡在掌。在人間世上。可謂千足万足。如今脫殼撒手。便行生死岸頭。果亦如意也未。古人道。住相布施生天福。猶如仰箭射虛空。勢力盡箭還墜。招得來生不如意。大凡布施之人。得人天勝報。然若未能無住。尙不得如意。况全無布施之功。又無住之德。其爲來報。斷可忖矣。洪相國仙駕。在生之日。還能布施也未。還亦無住也未。了則業障本來空。未了還須償宿債。洪相國仙駕。洎[2]諸佛子衆。還能了也未。若也了得。出生入死。也無罣㝵。其或未然。須借山僧一柄扇子威光。方能破無明殼。發智惠光。洪相國仙駕。及諸佛子衆。諦聽扇子說法。擧扇子云。此一柄扇子。本住大光明藏。今爲洪相國仙駕。洎諸佛子衆。運大悲心。出光明藏。說微妙伽陁云。諸行無常。是生滅法。生滅滅已。寂滅爲樂。大衆且道。生滅法。寂滅法。是一是二。良久云。行船只在把梢人。誰道波濤從地起。把梢人看來。不直半文錢。擲下扇子。便下座。

---

1) ㉺ '曆'은 을본에는 '歷'으로 되어 있다. ㉢ 번역은 을본에 따른다. 2) ㉺ '洎'은 을본에는 '消'로 되어 있다.

옥봉의 혼령을 위해 향을 올리고 차를 올리고 밥을 올리며 내린 법어

나의 이 한 향로의 향은
한 조각 마음에서 생겨났으니
바라건대 이 향 연기 아래
본래의 진명眞明을 발하소서.

이 한 사발의 차에 의탁하여
나의 옛적 정을 드러내니
차가 품은 조주趙州 노인의 가풍을
그대 한번 맛보기 권합니다.

나의 이 한 그릇의 밥은
향적불香積佛의 음식보다 못하지 않으니
나의 한 조각 마음을 이어받아 드시고
선의 즐거움 배불리 채운 뒤 코 골고 주무십시오.

爲玉峰覺靈獻香獻茶獻飯垂語
我此一爐香。生從一片心。願此香烟下。薰發本眞明。
托此一碗茶。露我昔年情。茶含趙老風。勸君甞一甞。
我此一鉢飯。不下香積饌。承我一片試。禪悅飽齁齁。

또 내린 법어

《세 번을 부르고서 말하였다.》

나와 사형師兄은 도가 들어맞고 마음이 하나였으므로 오늘 특별히 와서 서로 보는데, 보는 것은 없지 않지만 과거 자모산慈母山에서 당당하던 다섯 자 장부의 몸이 어찌 오늘 금강산金剛山에서는 단지 한 조각 짧은 판자[40]뿐입니까? 그저 옥봉玉峰이라는 아름다운 이름만 혼융하여 옛날이나 지금이나 다름이 없습니다. 아름다운 이름에 이미 옛날과 지금이 따로 없는데, 참된 몸에 어찌 가고 옴이 있겠습니까? 그래서 열반 회상에서 여래께서 금으로 된 관의 빛을 숨겨 두셨다가 가섭이 뒤에 오자 마침내 두 발을 보이셨는데, 산승의 오늘 자취가 가섭과 같으니 무엇이 여래와 함께 어우러지는 자리입니까?

《말없이 한참 있다가 두 손을 펴서 손뼉을 한 번 친 다음 말하였다.》

사형이 수행을 수없이 많이 해서 산승의 손을 빌려 신통을 드러내 보였습니다. 신통을 드러내는 것은 없지 않지만 무엇이 옥봉 사형의 진면목입니까?

오온(五陰)의 구름 걷혀 하늘의 본체 드러나고, 금강산은 푸른 하늘로 우뚝 솟았네.

又下語

三喚云。我與師兄。道契心同。所以今日特來相見。見則不無。乃何昔年慈母山中。堂堂五尺丈天[1]身。此日金剛山上。只是一條短板兒。唯有玉峰嘉號。渾無古今之異。嘉號旣無古今。眞身焉有去來。所以涅槃會上。如來金棺潛輝。迦葉後至。遂示雙趺。山僧此日。迹同迦葉。怎麼生。是與如來同調處。良久。展兩手。擊掌一下云。師兄修行無數。借山僧手叚。現神通了也。現神通則不無。怎麼生。是玉峰師兄眞面目。五陰雲開天躰露。金剛山聳碧虛空。
───────
1) ㉮ '天'은 '夭'로 되어 있다.(갑본, 을본) ㉯ 번역은 갑본을 따른다.

혼령을 보내며 내린 법어

혜봉惠峰의 혼령이여!
60여 년 이 세상에 살면서 몇 번이나 즐거운 자리에 오르고 근심의 바다에 빠졌던가? 오늘 가죽 주머니 벗고, 활개 치며 집으로 돌아가는 길 밟네.

무릇 죽은 사람으로서 살아 있을 때에 가르침을 급하게 하고 계를 느슨하게 한 이(乘急戒緩者)는 비록 괴로운 부류에 빠지는 것을 아직 면하지 못하였어도 또한 벗어날 기약이 있으며, 계를 급하게 하고 가르침을 느슨하게 한 이(戒急乘緩者)는 잠시 벗어나 올라감은 있어도 궁극의 과보를 아직 얻지 못하며, 가르침과 계를 모두 급하게 한 이(乘戒俱急者)는 한번에 벗어나 곧바로 여래의 경지에 들어가서 부처님·조사들과 손을 맞잡고 함께 다니며, 가르침과 계를 모두 느슨하게 한 이(乘戒俱緩者)는 오래도록 괴로움의 바다에 빠져 영원히 벗어날 기약이 없습니다.

혜봉의 혼령이여, 살아 있을 때에 가르침을 급하게 하고 계를 느슨하게 하였습니까, 계를 급하게 하고 가르침을 느슨하게 하였습니까, 가르침과 계를 모두 급하게 하였습니까? 가르침과 계를 모두 느슨하게 하였습니까?

내가 이제 사형이 평소 하던 일을 헤아려 보니 아침저녁으로 대승 경전을 염송하며 회향하기를 발원하였으며, 또한 산승으로 인해 염불향사念佛香社를 맺어 오롯이 아미타불을 생각하고 오롯이 보배로운 불호(寶號)를 염불하였으니, 계에 대해서는 비록 느슨하였어도 가르침에 대해서는 결정코 급하게 하였습니다. 경전에 담긴 가르침을 기억해 보면, 오역五逆·10악十惡의 죄를 모두 지은 범부라도 임종할 때 열 번 염불하면 오히려 왕생하는데, 오늘 혜봉의 혼령은 스스로는 평소에 염불하고 경전을 독송한 공덕으로 말미암고, 또한 뭇 제자들이 높이 들어 올리려는 힘으로 말미암으며, 다시 산승이 설한 법요法要로 말미암아 비록 상품上品으로 높이 뛰어오르지는 못할지라도, 틀림없이 중품이나 하품으로는 화하여 왕생할 것입니다.

대중들은 말해 보십시오. 혜봉의 혼령이 아홉 종류 연꽃에 화하여 왕생하는 것은 없지 않겠지만, 다만 혼령을 보내는 한마디는 어떻게 말해야 합니까?

와도 한 자루 취모검吹毛釖이요, 가도 한 자루 취모검이라. 한 자루 취모검 혁혁하게 빛나니, 가고 옴과 떠나고 돌아옴에 걸림이 없도다.

送魂下語

惠峰覺靈。六十餘載處人間。幾登歡場沒憂海。如今脫却皮袋子。揚揚踏得還家路。大凡亡人。在生之日。乘急戒緩者。雖未免沈淪苦趣。亦有超脫之期。戒急乘緩者。暫得超升。未得究竟之果。乘戒俱急者。一超直入如來地。得與佛祖。把手共行。乘戒俱緩者。長沉苦海。永無出期。惠峰覺靈。在生之日。還乘急戒緩麼。還戒急乘緩麼。還乘戒俱急麼。還乘戒俱緩麼。我今料得師兄平昔所作。朝夕念大乘經。發願回向。亦因山僧。結念佛香社。專想彌陀。專念寶號。於戒雖然是緩。於乘決定是急。記得藏乘所載。具造五逆十惡凡夫。臨終十念。尙得徃生。今日惠峰覺靈。自因平昔念佛念經之功。亦因諸弟子薦拔之力。復因山僧所說法要。雖未得高蹈上品。決定化徃中品下品。大衆且道。惠峰覺靈。九蓮化徃則不無。只如送魂一句。作麼生道。來也一柄吹毛釖。去也一柄吹毛釖。一柄吹毛光赫赫。去來徃返無罣㝵。

진산 화상을 천도하는 제문

정미년 9월 일에 문인 아무개는 특별히 대사형大師兄 진산珍山의 혼령을 위해 향기로운 제수로 천도함으로써 옛적 사귄 정을 채우고, 법희法喜의 맛을 빌려 최후의 공양을 채우고자 하니, 드십시오.

와도 오지 않으니 물에 비친 달에 자취가 없는 것 같고, 가도 가지 않으니 허공에 피어난 아지랑이 같습니다. 그래서 왕궁에 내려와 탄생하셨지만 도솔천兜率天을 떠나신 적 없고, 쌍림雙林에서 열반에 드셨으면서도 곽槨 밖으로 두 발을 내보이셨습니다.

무릇 장작이 다하여도 불은 다함이 없다는 비유에는 연유가 있습니다. 나가는 것을 기뻐하고 들어오는 것을 미워하며[41] 편안함만 구하고 위험을 피하는 것은 마음만 꾸밀 뿐 이에 어두운 이가 하는 짓이고, 알맞게 오고 알맞게 가서 때에 맞추어 순리에 따르는 것은 이에 통달하여 나를 잊은 이가 하는 일입니다. 나를 잊은 이는 나고 죽음을 가지런히 하고 가고 옴을 하나로 하여 옳고 그르다거나 취하고 버린다는 견해가 없지만, 마음만 꾸미는 이는 이와 반대입니다.

조사의 게송에서 말하였습니다.

마음은 허공계와 같고	心同虛空界
내보인 가르침은 허공법과 같으니	示等虛空法
허공을 증득한 때에는	證得虛空時
옳고 그른 법이 없다.	無是無非法

『금강경』에서는 "법을 취하지도 말고, 법이 아닌 것을 취하지도 말라."라고 하였으며, 야보 천冶父川은 말하기를, "금은 금을 넓히지 못하고, 물은 물을 씻지 못한다."라고 하였는데, 이는 모두 옳고 그름이 없는 도리를

보여 주어 사람들이 얽매인 것을 풀어 주는 것입니다.

사람이 이 세상에 태어나는 것이 꿈인지 깬 것인지 둘 다 알지 못하는데, 태어남이 깬 것이 아니고 죽음이 꿈이 아님을 어찌 알겠습니까? 꿈과 깨어남은 모두 사람에게 달린 것이지, 나고 죽는 것에 있지 않습니다. 진산珍山 대사형께서는 꿈꾸고 있습니까, 깨어 있습니까? 나의 스승이 사형의 스승이신데, 스승께서 사형을 진산이라 부른 것이 어찌 사형이 본디 지닌 것으로 사형의 이름을 삼은 것이 아니겠습니까? 저 하늘과 땅 사이 우주의 안, 그 가운데 하나의 보배가 있어 몸이라는 산에 비장되어 있는데, 오늘 하늘과 땅이 이미 부서지고 몸이라는 산이 이미 무너졌으니 보배는 어디에 있습니까? 이는 차치하고, 단지 하늘과 땅이 아직 부서지지 않고 몸이라는 산이 아직 무너지기 전에 이 보배를 꺼내어서 끝없이 베풀고, 이 보배를 다듬어서 다듬음이 없는 경지에 이르렀습니까?

사형이 세상에 있을 때에 가는 곳마다 납자들이 바람처럼 좇아 폭주하기가 이미 여러 해이니 이 보배를 꺼내어 베풀었음은 이미 정해졌습니다. 티끌 있고 티끌 없음, 다듬음과 다듬지 않음은 오직 스스로 알 뿐 나는 아직 모릅니다만, 생각하기에 이러한 경지는 종기를 터뜨리는 것처럼 근심을 없애고, 맑은 바람과 비 갠 뒤의 달처럼 정신을 맑게 하는 것이겠지요? 통쾌하고 통쾌하게 하늘에 오르고 안개 속을 돌아다니면서 세속의 밖에서 노닐고, 마음대로 가고 머묾이 자유로워 거꾸로 매달린 것을 이미 풀어 버린 경지일 것입니다. 경쾌함을 스스로 얻는 것은 없지 않을 것이나, 끝내 어디에서 몸을 편안히 하고 목숨을 세우시렵니까? 금전옥당金殿玉堂에 머물지 않고 꽃핀 둑길로 와서 맑은 바람 속에 거닐겠습니까? 아아, 사형은 참된 경지로 돌아갔건만 나는 여기에 갇혀 있습니다.

　　가고 머묾과 살고 죽음이 어우러진 자리
　　봄바람에 제비는 춤추고 앵무새는 노래하네.

이제 머리 숙여 두 번 절하며 고합니다.

薦珎山和尙祭文

維歲次。丁未九月日。門人某。特爲大師兄珎山覺靈。假以香羞之薦。以塞交舊之情。托以法喜之味。以充寂後之饋。伏惟尙饗。來不來。水月之無蹤。去不去。空裏之發焰。所以降誕王宮。未離兜率。雙林示滅。槨示雙趺。夫薪窮而火不窮。喩有由也。欣出惡人。[1] 求安避危。容心而昧此者之爲也。適來適去。安時處順。達此而忘我者之爲也。忘我者齊生死一去來。而無是非取舍之見也。容心者則反於是矣。祖有偈云。心同虛空界。示等虛空法。證得虛空時。無是無非法。金剛經云。不應取法。不應取非法。冶父川云。金不博金。水不洗水。此盖示以沒是非底道理。而解人之繫着者乎。人生斯世。夢乎覺乎。兩不知也。安知生而不爲覺。死而不爲夢也。夢覺在人而不在生死也。珎山大師兄。夢耶。覺耶。我之師。卽i之師也。先師以珎山。命於師者。豈非以師之固有而爲師之號也歟。夫乾坤之內。宇宙之間。中有一寶。秘在形山。今者乾坤旣破。形山旣倒。寶向甚麼安着。此則且置。只如乾坤未破。形山未倒之際。還拈出此寶而施焉無際。鍊得此寶而鍊至無鍊者乎。師之在世也。隨方而衲子風趍輻輳者。已有年矣。盖拈出此寶而施之者。定矣。塵無塵鍊不鍊。則惟自知而吾未之知也。想當此際。如決疣潰癰而無其患。如光風霽月而朗其神者乎。快乎快乎。騰天遊霧。而逍遙於塵垢之外。于于乎于乎。去住自由而已得夫懸解者也。慶快自得則不無。畢竟向甚麼處。安身立命。金殿玉堂留不住。却來花塢步淸風。嗚呼嗚呼。師已返眞而我拘于此也。去住存亡同調處。春風燕舞與鶯歌。是稽首再拜而爲之告。

---

1) ㉮ '人'은 '入'으로 되어 있다.(갑본, 을본) ㉯ 번역은 을본에 따른다.

진산 화상을 위해 향을 올리고 차를 올리며 내린 법어

마음이 넓고 모나지 않은 대선사大禪師 진산珍山 대사형大師兄은 듣지 않는 들음으로 나의 설함이 없는 설함을 들으십시오. 산승이 어제 저녁 산 아랫길에 들어서자마자, 단 아래 서지 않고서도, 일찍이 더불어 눈썹을 가지런히 하고 눈을 마주치며, 일찍이 더불어 향을 사르고 차를 올리며, 일찍이 더불어 일을 헤아리고 하는 일을 다 마쳤으니, 오늘 여기에 와서 다시 향을 사르고 차를 올리지 않아도 되고, 다시 이 일을 헤아리지 않아도 됩니다. 그렇지만 비록 이러하여도 일에는 오로지 그러해야 한다는 것도 없고, 이치에는 편벽되이 취함이 없으니, 또한 거듭 새로 예를 올려도 무방할 것이고, 다시 이 일을 헤아려도 무방할 것입니다.

《이에 향을 집고서 말하였다.》

한 조각 향은 오분향五分香을 따르고
오분향은 한 조각 향을 갖추었습니다.
이제 한 조각 향으로 한번 풍기나니
한번 풍김으로 오분신五分身을 풍겨 일으킵니다.

《바로 향을 꽂고 차를 받들며 말하였다.》

한 사발 차는 한 조각 마음에서 나왔고
한 조각 마음은 한 사발 차에 있습니다.
이제 한 사발 차를 한번 맛보시게 하나니
한번 맛보시면 틀림없이 한량없는 즐거움이 생겨날 것입니다.

《바로 올렸다.》

爲珎山和尙獻香獻茶垂語

心地虛融。大禪師珎山大師兄。當以不聞聞。聽我無說說。山僧昨晚。才入山下路。不向壇下立。早與齊眉擊目。早與燒香設茶。早與商量介事了也。今日到來。更不用燒香設茶。更不用商量介事。然雖如是。事無一向。理無徧[1]取。亦不妨重新致禮。亦不妨更與商量。遂拈香云。一片香從五分香。五分香具一片香。當用一片香一薰。一薰薰發五分身。便挿奉茶云。一椀茶出一片心。一片心在一椀茶。當用一椀茶一嘗。一嘗應生無量樂。便獻。

---

1) ㉮ '徧'은 을본에 '偏'으로 되어 있다. ㉯ 번역은 을본에 따른다.

석종에 안치하면서 내린 법어

바람은 부드럽고 햇빛은 밝으며 산은 우뚝 솟고 구름은 걷히니 모든 것들이 빛깔을 드러내며 환히 빛납니다. 석종石鍾은 환하게 빛나고 사부대중(四衆)은 엄숙하게 가지런히 섰으니 진산珍山 대사형大師兄의 문인들이 석종에 유골을 안치하는 때가 아닙니까?

진산 대사형은 뼈대가 단단하고 곧으며 모습은 말랐으나 고상하고 옛 풍취가 있었습니다. 가슴에 큰 세상을 품었고 기세는 사방을 압도하였습니다. 일찍이 강월헌江月軒[42]께 참예하고, 이어서 무학無學 스님께 배웠습니다. 갈고 닦아 날마다 새로워져서 나이 먹을수록 덕이 높아지니, 명성이 숲과 언덕에 떨쳤고 이름이 대궐까지 들렸습니다. 처음에는 회암사檜巖寺에 머물다가 이어서 대자암大慈庵에 머물렀는데, 이것이 인연이 되어 산문의 주인이 되고 많은 납자들이 떠받드는 이가 되었습니다. 외호外護의 인연을 갖추고 어렵거나 어렵지 않은 일들을 겪으면서 행하기도 하고 멈추기도 하였는데, 일이 두루 미치지 않는 곳이 없었습니다.

정미년 가을 7월 어느 날 문득 문인들에게 말하기를, "목숨은 늘릴 수 없으니 아침저녁도 보존하기 힘들다. 나의 못난 자질로 이 어찰御刹을 더럽힐 수는 없으니 다른 산으로 옮겨야겠다." 하였습니다. 이달 하순에 사직하는 상소를 올리고 저곳을 나와 이 산에 와서 머무른 지 채 한 달도 안 되어 가벼운 질환이 생겼다가 그대로 무상함을 보여 주며 곧바로 돌아가는 길을 떠났는데, 일과 말이 호응하고 앞과 뒤가 들어맞는 것이 놀랍고도 기이하니, 사형의 덕이 여기에서 드러나고 문인의 앙망이 이에 더욱 돈독해졌습니다.

사형은 이미 떠났지만 문인 아무개 아무개 등이 다비를 마친 뒤에 다시 유골을 안치하고자 하여 힘을 다해 열심히 물품을 빠짐없이 다 갖추고 공인工人에게 돌을 새기도록 청하니, 오묘하기가 극에 이르렀습니다. 그 연유를 살펴보면 스승에 대해 정성스럽고 간절한 마음으로 그 덕을 갚고자 하나 다른 방도가 없어서 이 석종에 정성을 담아 그 뜻을 채우고자 함이니, 이 시대의 높은 표상이요, 미래의 밝은 거울이라 할 수 있습니다.

그러나 비록 이러하지만 사람이 이 세상에 살아 있을 때에는 몸뚱이에 얽매이는 것을 면할 수 없다가 이제 몸뚱이를 벗어났으니 통쾌하기가 허공과 같은데, 오늘 돌에 구멍을 파서 안치하고 종을 만들어 덮으니, 들에 나는 학을 새장에 가두고 날듯이 달리는 말을 붙잡아 두는 것은 아닙니까?

도에서 보면 무릇 사람의 유체는 물에 빠뜨려도 좋고 땅에 파묻어도 좋고 보이게 드러내도 좋고 안 보이게 감추어도 좋으니, 드러내건 감추건 빠뜨리건 파묻건 하지 못할 것이 없습니다. 세속의 입장에서 보면 빠뜨리고 드러내면 정이 박하고, 파묻고 감추면 정이 두터운 것인데, 정이 두터운 것은 효라고 이름 붙이고 정이 박한 것은 불효라고 이름 붙이며, 불효는 재앙을 부르고 효는 경사를 부른다고 하니, 제자들이 이에 매이는 것이 당연합니다.

이로 볼 때 사람의 자식 된 이로서 죽은 사람의 유체를 보고 차마 매장하지 않을 수 있겠습니까? 매장하는 것은 없지 않겠지만 다시 무엇을 진산의 진면목이라 부르겠습니까? 만일 이 뼈를 진산의 진면목이라 한다면 그 진면목이 어디에 있습니까? 만일 그렇지 않다고 한다면 이 뼈는 어디에서 얻은 것입니까? 법신法身은 언제나 존재하여 생겨남도 없고 사라짐도 없지만 색신色身은 무상하여 생겨남도 있고 사라짐도 있다고 말하면서 법신과 색신이 둘이라는 견해를 결코 짓지 말 것이니, 만일 이러한 견해를 짓는다면 허공을 잘라 두 조각으로 만드는 허물을 면하지 못할 것입니다. 이미 이러하니 끝내 어떻게 나누어 보겠습니까? 지금 나의 색신이 바로 언제나 존재하는 몸인 법신이라고 하는 것을 보지 못하였습니까? 만일 이것이 언제나 존재하는 몸인 법신이라면 하늘도 이를 덮을 수 없고 땅도 이를 실을 수 없고 겁화劫火도 이를 부술 수 없고 태허太虛도 이를 받아들일 수 없습니다. 내가 지금 보니, 돌의 구멍은 한 자도 채 되지 않으며 종은 한 길을 넘지 않으니, 넓고 커서 받아들이기 힘든 법신을 거두어들일 수 있겠습니까? 만일 이 안에 거두어들일 수 없다면 어디에 안착하겠습니까? 알았다고 할 사람이 있습니까?

《말없이 한참 있다가 말하였다.》

만일 없다면 산승이 스스로 말하겠습니다.

《지팡이로 석감石龕을 가리키며 말하였다.》

이 안에 안치하십시오.

《안치가 끝난 뒤 말하였다.》

진산 대사형이 평생에 부리던, 부모가 낳은 한 줌 뼈가 이미 이 안에 안치되었는데, 바로 이러한 때를 맞아 마땅히 무슨 말을 해야 합니까?

《말없이 한참 있다가 말하였다.》

    국토의 바다와 털구멍은 본래 걸림이 없으니[43]
    겨자씨가 수미산을 받아들이는 데 무슨 어려움이 있는가.
    바느질 없는 탑(無縫塔)[44]의 모습 지금도 있으니
    모름지기 밖에서 헛되이 찾지 말라.

    석종이 한번 화산에 자리 잡은 뒤에는
    산과 이 종이 가장 잘 아는 사이가 되리니
    빙 둘러싼 산들이 거꾸로 평야가 되어도
    이 종과 이 이름은 사라지지 않으리라.
    사라지지 않는다면 끝내 누구의 은혜 덕분이겠습니까?

《지팡이로 석종을 세 번 두드렸다.》

安鍾垂語

風和景明。山聳雲開。頭頭動色。物物騰耀。石鍾煥焉光曜。四衆儼然齊立。莫是珎山大師兄門人。安骨安鐘底時節麼。珎山大師兄。骨硬徑挺。貌瘦高古。智藏河岳。氣壓諸方。曾叅江月。次學無學。琢磨日新。德隨年隆。聲震林丘。名聞金闕。初住檜岩。[1] 次住大慈。緣是爲山門之主。百衲之宗。外護緣徭。涉難無難。乃行乃止。事無不周。歲在丁未秋七月有日。忽謂門人曰。命不可延。朝夕難保。不可以我陋質。染此御刹。當移錫他山。是月下旬。呈辭出彼。到此山而居焉。未盈一月。果有微疾。仍示無常。即赴歸程。事與語應。前後相符。可驚可悋。師兄之德。於是乎着[2]矣。門人之望。於是乎篤矣。兄旣行矣。門人某某等。闍維旣訖。更欲安骨。蹻勤竭力。條盡什物。請工鐫石。妙極其妙。觀其所由。向師誠切。欲報德而無由。托此寄誠。以滿厥志。可以爲當世之高標。[3] 後來之明鑑。然雖如是。人生斯世。未免形累。脫此形骸。快如沖虛。今者冗[4]石以安之。作鐘以覆之。無奈籠野鶴而駐飛駒乎。自道觀之。凡人之遺躰。沉之可也。埋之可也。露之可也。藏之可也。露也藏也沉也埋也。無施不可。以世觀之。沉之露之。其情也薄。埋之藏之。其情也厚。情之厚者。名爲孝。情之薄者。名爲不孝。不孝招咎。孝也招慶。宜弟子之區區於此也。迹此觀之。爲人子者。凡於亡人之遺體。其可忍視而不埋藏者乎。藏則不無。喚什麼作珎山面目。若喚此骨頭作珎山面目。面目安在。若道不是。此之骨頭。從什麼處得來。切忌道法身是常。無生無滅。色身無常。有生有滅。而於法身色身。作兩般見。若作這般見解。未免截虛空作兩片。旣然如是。畢竟作麼生斷看。不見道。吾今色身。即是常身法身。若是常身法身。天不能盖。地不能載。刼火不能壞。大[5]虛不能容。我今觀此。頑石冗不滿尺餘。鐘不過一仞。還收得廣大難容底法身麼。若收此中不得。向甚麼處安着。還有道得者麼。良久云。如無。山僧自道去也。以杖指石龕云。向這裏安。安訖云。珎山大師兄。平生使得父母所生底一把骨頭。旣向這裏安着。正當恁麼時。合談甚麼語。良久云。刹海毛孔元無㝵。芥納須彌有甚難。無縫塔㨾⁶⁾今猶在。不須向外空尋覓。一自鐘鎭華山後。山與此鐘作知音。直饒⁷⁾山倒爲平野。此鐘此名應不泯。應不泯。畢竟承誰恩力。以杖擊石三下。

---

1) ㉠ '岩'은 을본에 '巖'으로 되어 있다. 2) ㉠ '着'은 을본에 '著'으로 되어 있다. 3) ㉠ '摽'는 을본에 '標'로 되어 있다. ㉡ 번역은 을본에 따른다. 4) ㉠ '冗'은 을본에 '穴'로 되어 있다. 다음도 같다. ㉡ 번역은 을본에 따른다. 5) ㉠ '大'는 을본에 '太'로 되어 있다. 다음도 같다. 6) ㉠ '㨾'은 을본에 '樣'으로 되어 있다. ㉡ 번역은 을본에 따른다. 7) ㉠ '饒'는 을본에 '繞'로 되어 있다. ㉡ 번역은 을본에 따른다.

상우 상암 화상을 위한 법어

　이제 원적圓寂한 조계대선사曹溪大禪師 상우 상암尙愚上菴의 혼령은 잘 들으시고 잘 들으시며, 잘 살피시고 잘 살피십시오. 노자老子가 말하기를, "내게 큰 우환이 있으니 내 몸이 있는 것이다."라고 하였는데, 그가 비록 세속인이지만 말은 이치에 들어맞으니 참으로 창자를 비틀고 배를 뒤집으며 심장을 토하게 하고 쓸개를 토하게 하는 진리의 말입니다.
　무릇 사람의 태어남이란 넓은 하늘에서 구름이 일어나거나 거울 속에 영상이 생기는 것이고, 죽음이란 넓은 하늘에서 구름이 흩어지고 거울 속에서 영상이 없어지는 것입니다.
　상암의 혼령은 80여 년을 허깨비 바다에서 노닐다가 오늘 아침 바로 손을 털고 고향으로 돌아가니 새가 새장을 벗어나 얽매이지도 묶이지도 않는 것과 같고, 살아갈 계책이 자유로우니 사람이 집을 나와 길도 지나고 네거리도 지나며 가지 못할 곳이 없는 것과 같습니다.
　상암의 혼령이여, 사대四大가 저마다 떠나가니 영명한 혼식(靈識)만이 홀로 드러남이 없지 않겠지만, 다만 대상에 이끌리는 망령된 마음 또한 깨끗이 다 없앴습니까, 아닙니까? 만일 대상에 이끌리는 망령된 마음을 깨끗이 다 없애서 남김이 없다면, 마음대로 집어 거꾸로 쓴다 해도 못 할 것이 없으니, 가고 오고 떠나고 돌아오는 데 어찌 걸림이 있겠습니까? 이런 경지에 들어가면 옛 성인과 손잡고 함께 갈 것이니 어찌 다른 사람이 길 열어 주기를 바라겠습니까? 만일 혹 그렇지 않다면 산승이 얽힌 덩굴 헤치는 것을 면할 수 없습니다.[45]
　세상에 빽빽하게 늘어선 모든 것들이 다 반야般若의 빛이어서 본래 미혹되고 깨달은 사람이 없으니, 다만 오늘 이를 깨닫기 바랄 뿐입니다.
　우선 말해 보십시오. 무엇을 깨닫고 무엇을 압니까? 깨달음은 이를 깨닫는 것이고, 앎은 이를 아는 것입니다. 다만 이것의 크기는 태허太虛와 같고, 빛은 과거·현재·미래에 미치니, 신통하여 잴 수 없고 묘하여 말할 수 없습니다. 이에 미혹되면 욕되게 윤회를 받고, 이를 깨달으면 그 자리에서 해탈합니다.

 상암의 혼령이여, 깨달았습니까, 아닙니까? 깨달음이야 없지 않겠지만, 영운靈雲⁴⁶이 복숭아꽃을 보고 도를 깨달은 것이나 향엄香嚴이 대나무를 맞추고 마음을 밝힌 것⁴⁷과 같은 것을 얻었습니까? 저들 옛 성인들이 깨달은 자리를 보면 시작이 없는 습기의 미세한 흐름들이 깨달음에 의해 모두 녹아 버려 다시 없앨 흠집이 없는데, 이렇지 않다면 깨달음이 얕아서 다만 문 안에 들어가기만 했을 뿐 옛 성인들이 크게 쉬는 자리에는 이르지 못한 것입니다. 산승이 오늘 깨달았는지 깨닫지 못하였는지, 밝혔는지 밝히지 못하였는지 묻지도 않고 거듭해서 다시 주석을 달지도 않겠습니다.

 존형께서는 명민하기가 다른 사람보다 뛰어나고 견식見識이 무리를 벗어나서, 조계종曹溪宗에 자취를 의탁한 뒤로 명성이 승단을 흔들었습니다. 그러다 세상이 무상한 것을 보고 문득 잘못을 깨닫고서 강월헌江月軒(나옹혜근)을 한 번 뵙고 법의 요체를 들었는데, 마음이 환히 열리고 통달하여 결정적인 뜻을 세우고서 스승 앞에서 큰 서원을 세워 말하기를, "오늘부터 선을 따르고 악을 없애며 오로지 스승의 가르침에 의지하겠습니다. 만일 그렇지 못하면 현세에서 바로 큰 아비지옥에 떨어져 만겁토록 괴로움을 당하면서 벗어날 기약이 없게 될 것입니다."라고 하였습니다. 그 뒤로 한 선종 사찰(禪刹)에 머물며 정진하는 이들을 따라 잠을 쫓으며 정진하다가 21일이 지나자 마음 씀이 너무 지나쳐서 불행하게도 병이 생겼습니다. 이로부터 화두를 참구하며 공부하는 일이 한 삼태기 흙으로 공이 이지러져 버리니,⁴⁸ 삼보를 모실 절을 짓기도 하고, 불상을 조성하거나 경전을 간행하기도 하면서, 우선 내세에 도를 얻을 수 있는 인연을 심으며 출가할 때의 본래 마음을 잃지 않으려 할 뿐이었습니다.

이처럼 세월을 보낸 지 60여 년이 지나 오늘 병이 생기자 종전에 지은 것들을 돌이켜보며 부끄러워하고 자책하였으나 후회해도 미칠 수가 없었고, 병이 더욱 심해지자 생사를 대적할 도력이 없었습니다. 그러다 『화엄경』「현수품」의 "또한 부처님을 뵘이라는 이름의 밝은 빛을 뿜었는데, 이 빛은 죽으려 하는 이를 깨우쳐 여래를 뵙겠다는 생각을 닦게 하여 목숨이 다한 뒤에 그 깨끗한 나라에 태어날 수 있게 해 준다."라는 말을 듣고서, 한편으로는 경문에 의지하고 또 서역에 태어나는 법[49]에 의지하여 눈앞에 불상을 모시고 손으로 깃대를 잡고 입으로는 부처님의 이름을 부르면서 부처님을 따라 왕생하는 것을 생각하였습니다. 그러다 잠시 뒤 모시는 이가 염불하는 소리를 가만히 듣고서 말하기를, "멈춰라 멈춰라, 염불할 필요 없다."라고 하였습니다.

생각해 보면 바로 그때 마음 씀이 지극해져서 평소 화두를 참구하던 공에 의지하고 뭇 성인들이 도와주시는 힘에 기대어 자신의 본성인 아미타불을 보고 자기 마음이 바로 정토라는 것을 통달하였던 것 같습니다. 만일 자신의 본성인 아미타불을 보고 마음이 바로 정토라는 것을 통달하였다면, 혼신이 큰 세계에 노닐면서 가거나 머무르는 데 걸림이 없을 것이 분명합니다. 비록 이 같은 경계에 아직 이르지 못하였어도 아미타불의 큰 자비와 서원의 힘을 입어 공덕에 따라 아홉 종류 연꽃 속에 왕생하리라는 것은 결코 의심의 여지가 없습니다.

상암의 혼령이시여, 만일 혼신이 큰 세계에 노닐면서 가거나 머무르는 데 걸림이 없다면 다시 이 세상에 와서 서원에 따라 중생들을 구제하시고, 만일 아홉 가지 연꽃 속에 태어났다면 눈앞에서 아미타불을 모시고 묘한 가르침을 몸소 들어 무생법을 크게 깨달은 뒤 부처님의 수기를 받아 다시 사바세계로 돌아와서 바른 깨달음을 이루는 모습 보여 주시고, 큰 가르침의 바퀴를 굴려서 진리를 모르고 욕망에 빠져 있는 중생들을 널리 구제하시기를 간절히 바라고, 간절히 바랍니다.

이는 우선 제쳐 두고, 대중들은 말해 보십시오. 상암의 혼령을 배웅하는 한마디를 뭐라고 말하겠습니까?

《말없이 한참 있다가 말하였다.》

물은 흘러도 본래 바다에 있고, 달은 져도 하늘을 떠나지 않네.

爲尙愚上[1]菴和尙下語

新圓寂曹溪大禪師尙愚上菴覺靈。諦聽諦聽。諦審諦審。李老聃之言曰。吾有大患。爲吾有身。彼雖是俗。語合於理。可謂傾腸倒腹。吐心吐膽。誠諦之語也。大凡人之生也。雲起長空。鏡裏生痕。及其死也。雲散長空。痕盡鏡中。上菴覺靈。八十餘載。遊於幻海。今朝直得撒手還鄕。如鳥出籠。無拘無束。活計自由。如人出舍。通途通衢。無徃不可。上菴覺靈。四大各離。靈識獨露則不無。只如緣慮妄心。還亦淨盡也未。若得緣慮妄心。淨盡無餘。則橫[2]拈倒用。無施不可。去來徃復。焉有罣导。得到這般分際。則與古聖。把手共行。豈要它人開介路頭。其或未然。山僧未免打葛藤去也。森羅與萬像。惣是般若光。本無迷悟人。只要今日了。且道。悟介什麽。了介什麽。悟也悟這介。了也了這介。只這介量同大虛。光亘三際。神不可測。妙不可言。迷之則枉受輪轉。悟之則當處解脫。上菴覺靈。悟也未。悟則不無。得如靈雲見桃花悟道。香嚴擊竹明心者麽。看他古聖悟處。無始習氣微細流注。依悟幷銷。更無痕咎可除。不然則是悟淺。只得入門而已。未到古聖大休歇之地。山僧今者。莫問悟與未悟。明與未明。更與重下註却[3] 尊兄明敏過人。見識超群。寄跡曹磎。名動緇林。觀世無常。忽然知非。一見江月軒。得聞法要。開特達懷。立決定志。卽於師前。發大誓願云。而今而後。從善去惡。一依師敎。若不爾者。現墮阿鼻大無間。萬劫艱辛無出期。厥后寓一禪刹。隨精進輩。打幷[4]睡魔。經三七日。用心大過。不幸疾作。自爾叅話做功。功虧一簣。或修營三寶。或造像造經。且種來世得道因緣。不失出家本懷而已。如是消遣日月。經及六十餘載。今者疾作。返顧從前所作。慚愧自責。悔無所及。至於疾革。無有道力可以敵生死。搜得華嚴經賢首品中所云。又放光明名見佛。此光覺悟將沒者。令修憶念見如來。命終得生其淨國云云。於是一依經文。亦依西域法。當面設像。手捉幡脚。口稱佛號。作隨佛徃生之想。俄尒從容聞侍人念佛之聲云。止止。不須念佛。想當此際。用心之極。依平昔叅話之功。仗諸聖扶佑之力。見自性彌陁。達唯心淨土去也。若也見自性彌陁。達唯心淨土。則神遊大方。去留無碍。定矣。雖未到如斯境界。承彌陁大悲願力。九蓮花中。隨功徃生。決無疑矣。丄菴覺靈。若得神遊大方。去留無碍。則再出頭來。依願度生。若得九蓮中受生。則面奉彌陁。親聞妙法。大悟無生。蒙佛授記。復還娑婆。示成正覺。轉大法輪。廣濟迷淪。切望切望。此則且置。大衆且道。只如丄菴覺靈。送行一句。作麽生道。良久云。水流元在海。月落不離天。

---

1) ㉮ '丄'은 을본에 '上'으로 되어 있다. 다음도 같다. ㉯ 번역은 을본에 따른다. 2) ㉮ '攙'은 을본에 '橫'으로 되어 있다. ㉯ 번역은 을본에 따른다. 3) ㉮ '却'은 을본에 '脚'으로 되어 있다. ㉯ 번역은 을본에 따른다. 4) ㉮ '倂'은 을본에 '拼'으로 되어 있다. ㉯ 번역은 을본에 따른다.

석실 탑에 절함

산들은 첩첩이 사방을 에워싸고 돌들은 험준하게 산을 덮고 있는데, 그 가운데 석종이 홀로 서서 천 개의 봉우리를 비추며 환하게 빛납니다. 석실의 아름다운 이름을 부르니 사방에서 온 이들의 칭찬이 일어나고, 강월헌江月軒의 종풍宗風을 떨쳤으니 오래도록 전해져 더욱 빛날 것입니다.

그러나 세상의 풍조가 각박하니 와서 공양하는 이가 드물고, 도량은 황폐해지니 적막함을 슬퍼합니다.

산승이 옛적에 간략하게 공양하는 의식을 펼쳤고, 오늘 단 앞에서 다시 붉은 마음을 표합니다. 생각건대 대화상께서는 가슴속에 겁외劫外의 가풍家風을 품고 강월헌 앞에서 독보獨步하였지만, 부소산扶蘇山 아래에 터를 잡아 집을 짓고 이리저리 소요하며 세월을 보냈으니, 몸 떠난 뒤에 자취를 남겨 두지 않는다면 누가 강월헌의 적자라 믿겠습니까? 산승이 옛적에 다행스럽게도 화장산華藏山에서 만나 한동안 눈을 마주치며 가풍을 남김없이 보았습니다. 그때부터 매번 공양하여 받들고자 하였으나 인연이 어긋나 뜻을 이루지 못하였는데, 오늘 산중의 차 한 사발로 평생의 그리움을 다 펴니, 무용 대화상無用大和尙께서는 흠향하소서.

拜石室塔

山疊疊而四圍。石巖巖而裝岳。中有鐘兮孑立。映千峯而煥赫。稱石室之佳號。動四來之稱讚。振江月之宗風。傳千古而益光。然世風澆漓。來餇者稀。道場荒踈。堪悲寂寞。山僧昔年。略陳供儀。今向壇前。再表丹忱。恭惟大和尙。懷藏劫外家風。獨步江月軒前。卜築扶蘇山下。倘佯消遣日月。不有身後遺蹤。誰信江月嫡子。山僧昔年。幸會華藏山上。一期擊目。見盡家風。自爾每欲供承。緣差志不得遂。今用一椀山茶。展盡平生情悰。無用大和尙。伏惟尙饗。

죽은 승려를 위해 내린 법어

태어난 지 30년도 채 안 되었는데 돌아가는 길이 어찌 이리도 빨라 이처럼 사람들을 탄식하게 하는가? 젊은 나이로 멀리 떠나니 보통 사람의 마음으로는 크게 한숨 쉬며 길이 탄식할 일이지만 태어나고 죽는 것이 큰 꿈이라는 것으로 보면 어찌 나이가 젊고 늙음의 구별이 있겠는가? 비록 늙고 젊음은 나뉘지만 돌아가는 곳은 하나이다.

이 한 가지 일은 불쌍히 여기고 애달파할 만한 일이지만 또한 경하할 만하고 좋게 여길 만한 일이 하나 있으니 살아 있을 때에 참선하고 도를 배웠거나, 계를 지키고 염불을 하였거나, 복을 닦고 선을 행하였으며, 나고 죽는 것이 큰일임을 가슴에 품고 늘 생각하면서 날마다 할 일을 폐하지 않다가 그렇게 목숨을 잘 마쳤다면 이는 경하할 만하고 좋게 여길 만하다. 참선하거나 도를 배우지도 못하고, 계를 지키거나 염불하지 못하고, 복을 닦거나 선을 행하지 못한 채 헛되이 믿음으로 베푸는 보시만 받고 헛되이 세월을 보냈다면 이는 불쌍히 여길 만하고 애달파할 만한 일이다.

네가 한 일을 살펴보니 비록 참선하거나 도를 배우지는 못하였지만 분수에 따라 계율을 지키며 염불하였고, 분수에 따라 복을 닦고 선을 행하였으니 이는 경하할 만한 것이지 애달파할 만한 것이 아니다. 또한 몸이 힘든 것을 견디고, 굶주림과 추위를 참으면서 집집마다 돌아다니며 보시를 권하고 물품을 얻어서 지금 운악산雲岳山에 승당僧堂 한 곳을 지었으니, 뒷날 이 공덕으로 부처님과 조사의 문중에서 틀림없이 높이 올라 활보할 것이다.

이 안에 다시 한 게송이 있는데, 네가 생사를 벗어나고 범부에서 성인으로 바뀌게 할 수 있으니 잘 들으라, 잘 들으라.

모든 것은 무상하니

이것이 생멸生滅하는 법이다.

생멸이 사라지고 나면

적멸寂滅이 즐겁다.

이것이 바로 생사를 벗어나는 길이요, 범부가 바뀌어 성인이 되게 하는 묘한 약이니, 네가 이 길을 밟고 가서 천만의 성인들과 더불어 어깨를 나란히 하고 함께 다니며, 이 약을 먹고 곧바로 법신이 견고하고 혜명이 무궁하기를 바라노라.

이는 우선 제쳐 두고, 오늘 아무개 상좌는 살았습니까, 죽었습니까, 꿈꾸는 중입니까, 깨어 있습니까? 죽이나 밥 기운이 남아 있으면 살았다고 하고, 죽이나 밥 기운이 끊어지면 죽었다고 하는데, 이 생사는 모두 꿈속의 일이라서 깨어 있다고 하지 않습니다. 이 일을 아직 밝히지 못하였다면 비록 기운이 남아 있어도 꿈속에 있는 것과 완전히 똑같으니 죽었다고 할 만하며, 이 일을 알았다면 비록 기운이 끊어져도 완전히 잠에서 깬 것과 같으니 살았다고 할 만합니다.

이미 이러하다면 이러한 때를 맞아 무슨 말을 해서 멀리 떠나는 노잣돈으로 주어야 하겠습니까?

《말없이 한참 있다가 말하였다.》

꿈속에서는 여섯 갈래 윤회의 길이 분명하게 있지만, 깨고 나면 비고 비어서 대천세계大千世界마저도 없네.

爲亡僧下語

生來未盈三十。胡乃歸程大[1]速。使人興嘆如是。少年長徃。人之常情。可以大息長嘆。至於生死大夢。則豈有年少年老之異乎。雖有老少之分。其歸一也。此有一事。可憐可恨。[2] 亦有一事。可慶可善。[3] 在生之日。或能叅禪學道。或能持戒念佛。或能修福作善。常以生死事大爲懷。念玆在玆。不

廢日課。如是善終。是爲可慶可善。未能叅禪學道。未能持戒念佛。未能修
福作善。虛沾信施。空度光陰。是爲可憐可恨。觀汝所作。雖未能叅禪學道。
隨分持戒念佛。隨分修福作善。是爲可慶。不是可恨。又能勞形苦骨。忍飢
忍寒。隨門逐戶。勸化拾物。今於雲岳山上。搆得僧堂一所。因是功德。後
於佛祖門中。決定高登闊步去也。這裏更有一伽陁。可以令汝超生脫死。革
凡成聖去也。諦聽諦聽。諸行無常。是生滅法。生滅滅已。寂滅爲樂。此乃
超生脫死之路頭。革凡成聖之妙藥。望汝踏得此路。可與千聖万聖齊肩並
駕。服得此藥。便得法身堅固慧命無窮去也。此則且置。今日某上座。生耶
死耶。夢耶覺耶。大抵粥飯氣在。名之爲生。粥飯氣絶。名之爲死。此之生
死。俱是夢中。不名爲覺。未明此事。則雖然氣在。全同在夢。可名爲死。了
得此事。則雖然氣絶。全同睡覺。可以爲生。旣然如是。當恁麼時。合談怎
麼語。以爲遠行之贈。良久云。夢裏明明有六趣。覺後空空無大千。

---

1) ㉮ '大'는 을본에 '太'로 되어 있다. 다음도 같다. 2) ㉮ '恨'은 을본에 '憖'으로 되어 있다. 다음도 같다. 3) ㉮ '善'은 을본에 '喜'로 되어 있다. 다음도 같다. ㉡ 저본의 '善'을 을본의 '喜'로 보아 '기뻐할 만한'이라고 번역하는 것이 문맥상 더 알맞을 듯하나, 저본대로 하여도 큰 무리는 없기 때문에 그대로 번역하였다.

혼령을 배웅하며 내린 법어

　여러 해 동안 소식을 주고받던 훌륭한 군자를 오늘 아침 운악산雲岳山에서 비로소 만났는데, 내가 한마디 해 줄 말이 있어 떠나는 길에 잠시 열어 보이리니 잘 들으시고 잘 들으십시오.

　　옛적 벼슬에 나아가고 물러난 자리 살펴보니
　　한단의 베개 위의 일50과 똑같네.
　　69년의 삶이 꿈속 같아서
　　돌이켜 비추어도 비고 비어 아무것도 없네.

　아무개의 혼령이시여, 바로 이러한 때를 맞아 꿈꾸십니까, 깨었습니까? 깨었다면 그 자리에서 해탈할 것이고 꿈꾸고 있다면 예전의 흐름에 따라 나고 죽을 것입니다.
　꿈꾸거나 깨어 있는 것은 우선 제쳐 두고 무엇이 해탈의 큰 경계입니까?
　《손으로 길을 가리키며 말하였다.》

　　눈앞의 한 길은 활줄처럼 곧아
　　가고 오고 떠나고 돌아오는 데 걸림이 없네.
　　통달한 많은 이들이 이 길에 올라
　　세상 밖으로 벗어나 마음대로 다니네.

　마음대로 다니면 쾌활하고 쾌활하며 참으로 쾌활하니, 아무개의 혼령이시여, 해탈의 세계에서 노닐고자 하면 모름지기 이 길에 발을 딛으십시오.

대중들은 우선 말해 보십시오. 발 딛는 일은 없지 않겠지만 어떤 것이 발밑의 일입니까?

한 줄기 살 길이 하늘 끝으로 통하고, 한없이 맑은 바람 걸음마다 일어나네.

送魂下語

多年寄聲好君子。今朝雲岳始相逢。我有一轉語。臨行暫開示。諦聽諦聽。看取昔年行藏處。正同邯鄲[1]枕[2]上事。六十九年如夢中。回照空空無所有。某靈駕。正當伊麽時。夢耶覺耶。覺則當處解脫。夢則依前流浪生死去也。夢覺且置。怎麽生是大解脫境界。以手指路云。面前一路如絃直。去來往復無罣碍。多少達者登此路。超然物外自在行。自在行。快活快活。眞快活。某靈駕。欲遊解脫境界。須向此路下脚去也。大衆且道。下脚則不無。怎麽生是脚跟下事。一條活路通天末。無限淸風隨步起。

---
1) ㉠ '鄲'은 을본에 '鄆'으로 되어 있다. 2) ㉠ '枕'은 을본에 '枕'으로 되어 있다. ㉠ 번역은 을본에 따른다.

감실을 세우며 내린 법어

대지가 하나의 우주인데 어디로 가려 하는가? 법신法身은 가고 옴이 없으니 어찌 꼭 발걸음을 억지로 떼야만 하겠는가? 이미 이러한데 지금 아무개 상좌는 여기에 머물러 있는가, 다른 곳으로 움직였는가? 산승이 한 줄기 길을 열어 아무개 상좌가 나아가는 데 분수가 있게 하리라.
《말없이 한참 있다 말하였다.》
누가 허공에 털 하나인들 걸려 하랴마는, 큰 바다에는 모든 물줄기가 저절로 모여드네.

起龕下語
大地一乾坤。擬向何方去。法身無去來。何須强擡步。旣然如是。卽今某上座。留得在此得麼。動向他方得麼。山僧開介一線道。致令某上座。進身有分。良久云。虛空誰肯掛一毫。大海自然䬈百川。

장례가 끝난 뒤에 내린 법어

아무개의 혼령이여, 이 몸은 깨끗하지 못하여 건어물 가게나 변소 구덩이로도 비유하기에 부족하고, 이 몸은 헛되어 꿈이나 허깨비, 허공의 꽃[51]으로도 비유하기에 또한 부족하다. 이미 깨끗하지 못하다면 어찌 꼭 탐착하겠으며, 이미 헛되다면 어찌 실제로 장애가 되겠는가? 그 가운데 하나의 신령한 공성(靈空)이 있어 밝고 영명하며, 하늘과 땅이 덮거나 실을 수 없고 겁화劫火가 태워 부술 수 없다. 이것이 참된 나인데, 취하고자 하여도 취할 수 없고 버리고자 하여도 버릴 수 없다. 너는 마땅히 이에 착안해야 하고, 너는 마땅히 이를 들어 취해야 한다.

내가 또 너에게 묻겠다. 네가 이제 저 현등사懸燈寺 문 밖에서 출발하여 이 안개 낀 골짜기로 들어와 땅 속에 묻혔는데, 어떤 물건이 이처럼 왔는가? 어떤 물건이 이처럼 머무는가?

　　저 맑은 바람이 발걸음마다 일어나고
　　이 맑은 바람이 불어와 얼굴을 스치네.
　　맑은 바람 한 부대가 진압하며 따르니
　　뜨거운 번뇌가 어찌 침범할 수 있으리.

맑은 바람이 진압하며 따라 뜨거운 번뇌가 침범하지 못하니 이처럼 쾌활하고 몹시 자재롭다. 평소 살아간 계책이 이 같기만 하였다면 부처님 나라건 천당이건 마음대로 노닐 것이다.

대중들은 우선 말해 보십시오. 무엇을 천당이라 합니까, 무엇을 부처님 나라라 합니까? 편안하고 한가로운 것이 천당이고 마음이 깨끗한 것이 부처님 나라입니다. 몸이 편안하거나 한가롭지 못한 것은 사대四大가 있기 때문이고, 마음이 깨끗하지 못한 것은 진리의 물이 없기 때문입니다.

이제 사대가 저마다 떠났으니 몸은 편안하고 한가해졌고 진리의 물이 마음에 배어드니 마음이 맑고 깨끗해졌습니다. 이러한 경계에 이르면 천당으로 올라가도 좋고, 지옥으로 들어가도 좋습니다. 하늘에 있으면 하늘과 같아지고, 땅에 있으면 땅과 같아져서 모든 곳에 통하니 가지 못할 곳이 없습니다.

그러나 비록 이와 같다 해도, 이 일을 끝내 무엇이라 말할 것입니까?
《말없이 한참 있다가 말하였다.》
가고 오고 떠나고 돌아오는 것에 얽매임이 없으며, 마음 느긋할 자리 얻으니 또한 마음 느긋하네.

葬畢後下語

某靈駕。是身不淨。鮑肆厠孔。未足爲喩。是身虛假。夢幻空花。亦不足爲比。旣是不淨。何必貪着。旣是虛假。豈實爲碍。中有一段靈空。昭昭靈靈。天地覆載不着。劫火燒壞不得。此眞是我也。欲取取不得。欲捨捨不得。汝應向這裏着眼。汝應向這裏薦取。我且問你。汝今發彼懸燈門外。來此煙霞洞裏。入地中藏着。什麼物伊麼來。什麼物伊麼住。發彼淸風隨步起。來此淸風拂面吹。淸風一陣鎭相隨。有何熱惱得相侵。淸風鎭相隨。熱惱不得侵。快活如是。多少自在。平生活計只如是。佛利天堂任遨遊。大衆且道。喚什麼作天堂。喚什麼作佛利。安閑是天堂。心淨是佛利。身不得安閑。因有四大。心不得淸淨。由無法水。如今四大各離。身得安閑。法水熏心。心得淸淨。到伊麼境界。上天堂也亦得。入地獄也亦得。在天同天。在地同地。七通八達。無所徃而不可。然雖如是。畢竟事怎麼生道。良久云。去來徃復無拘繫。得寬懷處且寬懷。

불을 붙임

《횃불을 잡고서 말하였다.》

  80여 년 꿈속의 몸
  오늘 아침 껍데기 벗고 보니 아무런 자취도 없네.
  부모가 남기신 몸을 불[52]에 맡기니
  한 덩이 신령한 빛 환하게 빛나네.

下火
秉炬云。八十餘年夢裏身。今朝脫殼了無迹。父母遺躰付丙丁。一段靈光明赫赫。

또

《횃불을 잡고서 말하였다.》

    네가 유루有漏의 정을 다 없애지 못하여
    삼악도에 떨어지거나 중유中有로 머물까 염려된다.
    오늘 불의 삼매의 힘을 빌려
    억겁에 걸친 네 무명無明의 무더기를 모두 태우노라.

又
秉炬云。慮汝有漏情未除。墮在三途滯中有。今借丙丁三昧力。焀汝億劫無明聚。

뼈를 뿌리며 내린 법어

《다 뿌리고 나서 말하였다.》
 아무개의 혼령은 잘 듣고 잘 들으라. 큰 깨달음의 바다 가운데에서 헛되이 오온(五陰)을 모아 허깨비 같은 몸을 만드니, 넓은 하늘에서 문득 한 조각 구름이 일어나는 것과 같다. 구름이 가건 구름이 오건 하늘에는 가고 오는 모습이 끊어져 없고, 몸이 생겨나건 몸이 사라지건 깨달음에는 생겨나고 사라지는 때가 없다. 생겨나고 사라짐과 가고 옴은 그저 오온에만 있을 뿐이니, 만일 오온이 다한다면 생겨나고 사라짐과 가고 옴이 무엇 때문에 존재하겠는가?
 오늘 아무개의 혼령은 다행스럽게도 깨끗한 불의 삼매三昧의 힘을 빌려 색온(色陰)이라는 하나의 인연이 일찍이 남김없이 타 버렸는데, 수상행식受想行識의 네 가지 온 또한 깨끗이 없앴는가, 아닌가? 만일 깨끗이 없애고 텅 비어 잡을 곳이 없는 곳에 이르렀다면 어디나 두루 통하여 끝내 걸림이 없을 것이니 아홉 가지 연화대(九品蓮臺)에도 마음대로 가서 태어날 수 있고[53] 온 누리 부처님 나라에 신묘하게 노닐어 자재로울 것이니 어찌 통쾌하지 않겠는가, 어찌 시원하지 않겠는가? 비록 이러하지만 오온을 깨끗이 없애는 것 밖에 따로 길이 하나 있으니, 부처님, 조사들과 함께 노닐고 싶다면 이 길을 따라가라. 아무개의 혼령이여, 이 길을 알겠는가? 만일 안다면 산승이 지시할 일이 없고, 만일 아직 모르겠거든 우선 마지막 한마디를 들으라.
 《말없이 한참 있다 말하였다.》
 만 리 먼 하늘에 구름은 다 흩어지고, 천마산天磨山이 푸른 하늘에 솟아 있네.

散骨下語

撒了云。某靈駕。諦听[1]諦听。大覺海中。虛攢五陰幻軀。大虛空裏。忽起一片浮雲。雲去雲來。空絶去來之相。軀生軀滅。覺無生滅之期。生滅去來。只緣五陰而有。五陰若盡。生滅去來。緣何而有。今日某靈駕。幸借丙丁童三昧之力。色陰一緣。早已灰滅無餘。受想行識此之四陰。還亦淨盡也未。若也淨盡到空無撈摸處。則七通八達。了無罣碍。九品蓮臺。隨意往生。十方佛刹。神遊自在。豈不快哉。豈不暢哉。雖然如是。五陰淨盡外。別有一通路。欲與佛祖同遊。請從此路去也。某靈駕。還識得路頭也未。若也識得。山僧指示無分。若未識得。且聽末后一句。良久云。萬里長空雲散盡。天磨山聳碧虛中。

---

1) ㉑ '听'은 을본에 '聽'으로 되어 있다. 다음도 같다. ㉙ '听'은 '웃는다'는 뜻이지만, '聽'의 통용자로 사용하였다.

걸대의 혼령을 위해 뼈를 뿌리며 내린 법어

걸대傑大의 혼령이시여, 그대 이름의 '대大'는 무슨 뜻에 의거한 것입니까? 산과 바다가 큰 것을 본뜬 것입니까, 하늘과 땅이 큰 것을 본받은 것입니까? 실상에 근거해서 보자면 하늘과 땅은 크지 않고 산과 바다 또한 그러합니다. 산과 바다, 하늘과 땅이 이미 크지 않은데 그대는 어떤 큰 것이 있어 '대'라고 이름 지었습니까? 어떤 물건이 하늘과 땅보다 먼저 있었는데, 형체도 없고 본래 고요합니다. 이를 '대'라고 합니다. 법신法身은 형체의 껍데기 속에 숨었고, 참된 지혜는 대상에 이끌리는 마음 안에 숨었으니, 가장 큰 몸으로 가장 작은 몸뚱이를 만들었습니다.

70여 년 동안 오온(五陰)의 영역에 머물러 있으면서 어려서부터 즐거움의 자리에 오르고 근심의 바다에 빠졌다가 오늘 아침 비로소 오온의 영역을 벗어나 집으로 돌아가는 길을 밟으니, 매우 쾌활하고 매우 자재롭습니다. 그러나 비록 이러하지만 살아 있을 때 계를 지킨 공이 없어 맑게 올라갈 길이 없을까 염려스럽지만, 평생 염불한 공덕에 기대어 아홉 가지 연화대에서 마음껏 노니시기 바랍니다.

《뿌리기를 마쳤다. 마침 소나무가 작은 소리를 내며 흔들리니, 가만히 소나무 소리를 듣고 있다가 말하였다.》

걸대의 혼령이시여, 그대도 틀림없이 소나무 소리를 들었을 것입니다. 이 몸도 저와 같아서 고요한 가운데에서 일어나 고요한 곳으로 사라집니다. 오온이 합하는 것을 생겨난다고 하고 사대四大가 흩어지는 것을 사라진다고 합니다. 살아 있는 때는 꿈속에 있는 것과 같은데 꿈속은 매우 시끄럽습니다. 죽고 나면 잠에서 깬 것과 같은데, 한번 떠나면 모든 일이 그칩니다.

걸대의 혼령이시여, 그대는 지금 수水, 화火, 풍風은 이미 떠나갔고, 지대地大만이 아직 남아 있었습니다. 하지만 어찌 지대만 아직 남아 있었겠습니까? 미혹된 마음 또한 다 없애지 못하였을 것입니다. 오늘 깨끗한 불의 삼매의 힘에 기대어 지대도 남김없이 흩어 없앴는데, 미혹된 마음과 망령된 견해는 깨끗이 없앴습니까, 아닙니까?

참된 것을 추구해 보아도 참된 것은 있지 않고
망령된 것을 궁구해 보아도 망령된 것은 본래 없네.
참된 것과 망령된 것 모두 잊어버린 자리
이는 끝내 무엇인가?

《주장자를 한번 우뚝 세우고서 말하였다.》

그저 천 명 성인의 눈을 활짝 뜰 뿐
중도에 여우 같은 의심 일으키지 말라.

爲傑大靈駕撒骨下語

傑大靈駕。汝名爲大。據何義乎。象山海之大耶。法天地之大耶。據實而觀。天地未爲大。山海亦復然。山海天地旣未爲大。汝以何大。稱名爲大。有物先天地。無形本寂寥。是則名爲大。法身隱於形殼之中。眞智匿於緣慮之內。以寂大之身。成寂微之軀。七十餘載滯在五陰區中。少時登歡場沒憂海。今者始脫五陰區。踏着還家路。多少快活。多少自在。然雖如是。現無持戒之功。慮無淸昇之路。庶仗平生念佛功。九蓮臺上任遨遊。散訖。適松籟微搖。從容聽松聲而言曰。傑大靈駕。汝宜聽松風。此身還似他。還從靜中起。却向靜中銷。五陰合而名生。四大散而名滅。生時如在夢。夢裏鬧浩浩。死已同睡悟。一去萬事休。傑大靈駕。汝今水火風也已去。地之一大尙存。豈唯地大尙存。迷情恐亦未盡。今仗丙丁童三昧之力。地之一大。消散無餘。迷情妄見。還亦淨盡也未。推眞眞不有。窮妄妄元無。眞妄都忘處。

畢竟是何物。卓柱杖一下云。直須割[1]開千聖眼。[2] 莫於中路起狐疑。

---

1) ㉑ '割'은 을본에 '豁'로 되어 있다. ㉡ 번역은 을본에 따른다. 2) ㉑ '眼'은 을본에 '根'으로 되어 있다.

비돈의 혼령을 위해 내린 법어

전비돈全匪豚의 혼령이시여, 태어남은 한 조각 뜬구름이 일어나는 것이고, 죽음은 한 조각 뜬구름이 사라지는 것입니다. 뜬구름 자체는 본래 실체가 없어서 태어나건 죽건 오건 가건 늘 그대로입니다. 다만 하나의 물건이 있어 언제나 홀로 드러나 있는데, 담연淡然히 태어남도 죽음도 따르지 않습니다. 비돈의 혼령이시여, 담연한 한 물건을 이해하였습니까?

《말없이 한참 있다 말하였다.》

뜬구름 흩어진 곳에 만 리 먼 하늘 훤하게 열리고, 눈 뜰 때 봄빛 물든 다른 세상이 있습니다.

다시 아십시오. 불로 끓이고 바람으로 뒤흔들어 하늘과 땅이 부서져도, 고요하고 고요하게 길이길이 흰 구름 속에 있습니다.

爲匪豚靈駕下語

全匪豚靈駕。生也一片浮雲起。死也一片浮雲滅。浮雲自躰本無實。生死去來亦如如。獨有一物常獨露。淡然不隨於生死。匪豚靈駕。還會得淡然地一物麽。良久云。浮雲破處。豁爾万里靑天。眼孔開時。別有一壺春色。更知道。火湯風搖天地壞。寥寥長在白[1]雲中。

---
1) ㉑ '白'은 을본에 '自'로 되어 있다.

대중들에게 보임

여기에 나이도 비슷하고 지혜도 비슷한 두 사람이 있는데, 한 사람은 게으름 없이 정진하며 하루를 보내고, 한 사람은 게으름 피우며 정진하지 않고 하루를 보냈다고 합시다. 하루가 지난 뒤 두 사람을 서로 비교해 보면 게으름 없이 정진한 사람은 지혜가 더욱 밝아지고, 게으름 피우며 정진하지 않은 사람은 그 마음이 어리석어집니다. 이로 보자면 비록 하루의 노력일지라도 그 공효가 매우 큽니다.

示衆

此有二人焉。年相似也。智相若也。一人。精進無怠。過了一日。一人。怠不精進。過了一日。一日而後。二人相譬。精進無怠者。其智愈明。怠不精進者。其心暗昧。由是觀之。一日之功。其功大矣。

염불을 권함

함께 아미타불을 염불하면 다 같이 극락 언덕에 오르고, 함께 선한 원인을 심으면 같이 불도佛道를 이루니, 같이 성불하는 바른 원인을 수많은 사람들과 더불어 맺기 바랍니다. 왜 그러합니까? 수많은 사람 가운데 어찌 가장 먼저 도를 이루는 이가 없겠습니까? 만약 한 사람이 먼저 도를 이룬다면 수많은 사람들이 말 한마디에 모두 증득할 것입니다. 수많은 사람들이 저마다 증득하고 나면 또한 수많은 다른 사람들을 교화하여 모두 도를 이루게 할 것입니다. 이처럼 해 나가다 보면 두루 법계의 모든 중생들과 더불어 가장 높은 부처님의 깨달음을 함께 이루게 될 것입니다.

勸念

同念彌陁。齊登樂岸。同種善因。共成佛道。願與萬萬千千。同結成佛正因。何以故。萬萬千千人中。豈無一人寂先成道。一人若先成道。萬萬千千盡於言下得證。萬萬千千旣各得證。亦各敎化萬萬千千。悉令成道。如是展轉。普與盡法界衆生。同成無上佛果菩提。[1]

---

1) ㉔ 이 뒤에 『영가집십장찬송병서永嘉集十章讚頌幷序』가 실려 있으나, 『영가집설의永嘉集說誼』(『한국불교전서』 제7책, 170면~171면)에 실린 내용과 중복되기 때문에 편자가 제외하였다.

가찬류
歌讚類

『대승기신론』의 제목을 해석함【서문도 함께 붙임】

49년 동안의 광대한 이야기[54]를 한때에 남김없이 다 말하고, 팔장八藏[55] 오승五乘[56]의 웅장한 글을 한 축에 다 말하여 드러낸 것은 오직 『대승기신론大乘起信論』뿐일 것이다. 현묘한 공부가 오래전부터 드러나고, 일찍이 큰일에 공이 있는 이가 아니라면 어찌 간략하면서도 남김없이 다하는 솜씨가 이러한 경지에 이를 수 있겠는가?

마명보살馬鳴菩薩은 서천西天 28조二十八祖[57] 가운데 한 명으로 당시 네 명의 해 같은 보살(四日之大士)[58]로 불렸다. 숙세의 큰 서원을 이어받아 사바세계의 인도[59]에 태어나 석가모니의 먼 수기를 받고 야사夜奢[60]의 뛰어난 자취를 이었다. 꿈속에서 헤매는 어리석은 무리들로 인해 무연無緣의 큰 자비를 움직여 한 축의 논문을 저술하여 생각하기 어려운 가르침의 바다를 섭수하였다. 열고 합하는 것이 자재롭고 막고 드러내는 것이 걸림이 없어서 열면 한량없고 가없는 뜻을 나타내고, 합하면 오직 일심이문一心二門[61]의 법일 뿐이다. 막으면 버리지 않는 상相이 없고, 드러내면 나타내지 않는 법法이 없다. 이문二門의 안에 많은 뜻을 받아들이지만 조리가 분명하고, 일심一心을 열어 가없는 뜻을 삼지만 한맛으로 융통한다. 버리지 않는 상이 없지만 상마다 분명하고, 나타내지 않는 법이 없지만 법마다 자취가 없다. 열어도 번잡하지 않고 합해도 간단하지 않다. 막아도 숨기지 않으며 드러내도 나타내지 않는다. 그래서 주고 빼앗는 것이 자재롭고 보존하고 없애는 것이 걸림이 없어 여래의 깊은 뜻을 거울에 비추듯

또렷하게 하고, 삼장의 가르침의 바다를 손바닥을 가리키듯 분명하게 한다. 아직 깨닫지 못한 이가 들으면 구름을 걷어내듯 훤하고, 이미 깨달은 이가 보면 지혜의 길이 더욱 높아져서 삿된 견해는 이로부터 영원히 그치고, 지혜의 명줄이 이로 말미암아 끊이지 않으니, 믿음을 일으키는 이로움을 보자면, 그 이로움이 매우 넓다.

'대승기신론'이라는 말에서 승乘은 어떤 법을 비유하고, 대大는 무슨 뜻이고, 신信은 어떤 것을 믿는 것이고, 기起는 어떤 마음을 일으키는 것인가?

승乘은 집안에 전해 오는 보배로서 실어 나르는 도구이며, 열어 구제하는 작용이 있다. 승이 승인 까닭은 체體가 원만하지 않음이 없고 상相이 갖추어지지 않음이 없고 용用이 두루 미치지 않음이 없기 때문이다. 그 사람이 아니면 전승을 감당할 수 없고, 그 힘이 아니면 끌 수 없고, 그 지혜가 아니면 이끌 수 없다. 이 승乘이 세세토록 전해지고 또 전해져서 오늘에 이르렀으니, 이것이 집안에 전하는 보배인 까닭이다. 싣지 않는 물건이 없고 멀리까지 이르게 하니, 이것이 실어 나르는 도구인 까닭이다. 그 지닌 것을 널리 베풀어 중생들을 구제함에 다함이 없으니, 이것이 열어 구제하는 작용이 있는 까닭이다. 높아서 더 높은 것이 없고, 넓어서 상대할 것이 없으니, 이것이 체體가 원만하지 않음이 없는 까닭이다. 바퀴와 바퀴통, 바퀴통 끝 갑쇠, 비녀장(輪轂輨轄), 나아가 밧줄과 깃발에 이르기까지 갖추지 않은 것이 없으니, 이것이 상相이 갖추어지지 않음이 없는 까닭이다. 써야 할 때면 싣고 있는 것을 바로 쓰는데, 써도 다함이 없으니, 이것이 용用이 두루 미치지 않음이 없는 까닭이다. 오직 적자嫡子인 뒤에야 전할 수 있으니, 이것이 그 사람이 아니면 전승을 감당할 수 없는 까닭이다. 오직 큰 소인 뒤에야 끌 수 있으니, 이것이 그 힘이 아니면 쓸 수 없는 까닭이다. 길이 뚫리고 막힘을 알고 앞뒤로 나아가고 등질 바를 분명하게 안 뒤에야 이끌 수 있으니, 이것이 그 지혜가 아니면 이끌 수 없

까닭이다.

비유하자면 이와 같지만 법으로 맞추어 보면 이 하나의 큰일은 부처님과 조사들이 서로 전해 온 법인法印이자 법의 재물을 모두 갖춘 비밀스런 창고로서 세상을 열어 구제하는 작용이 있다. 이 일이 큰 까닭 또한 체가 원만하지 않음이 없고 상이 다 갖추어지지 않음이 없고 용이 두루 미치지 않음이 없음 그것이니, 보살이 아니면 서로 전하는 것을 감당할 수 없고 큰 근기가 아니면 짊어질 수 없고 지혜가 밝게 통달하지 않으면 뜻대로 쓸 수 없다.

이 하나의 큰일은 부처님과 조사들이 서로 전하여 등燈마다 끊이지 않았으니, 이것이 서로 전하는 법인法印인 까닭이다. 갖추지 않은 법이 없으니, 이것이 법의 재물을 모두 갖춘 비밀스런 창고인 까닭이다. 스스로도 이롭게 하고 남도 이롭게 하여 이롭게 하는 작용이 끝없으니, 이것이 열어 구제하는 작용이 있는 까닭이다.

그 체는 커서 밖이 없는 것[62]을 감싸고, 가늘어서 틈 없는 것[63]에 들어간다. 커서 밖이 없는 것을 감싸므로 성인과 범부가 이에 함께 처하고, 의보依報와 정보正報가 여기에 함께 깃들며, 나아가 하늘과 땅이 그 안에 있고, 해와 달이 그 가운데 있기에 이른다. 가늘어서 틈 없는 것에 들어가므로 티끌마다 서로 포섭하여 있고 있지 않음이 따로 없다. 이것이 체가 원만하지 않음이 없는 까닭이다. 세 가지 덕의 비밀스러운 창고는 갖추지 않은 법이 없어서 세 가지 몸(三身)과 네 가지 지혜(四智)가 본래 다 갖추어져 있고, 여덟 가지 이해(八解)와 여섯 가지 신통(六通) 중에 갖추지 않은 덕이 없다. 이것이 상이 갖추어지지 않음이 없는 까닭이다. 모든 맑고 깨끗한 진여와 깨달음과 열반과 바라밀의 교수보살들을 흘려 내보내니, 이것이 작용이 두루하지 않음이 없는 까닭이다. 이 큰일은 보살인 뒤에야 전할 수 있고, 근기와 힘이 다 갖추어진 뒤에야 짊어질 수 있고, 자비와 지혜를 다 운용한 뒤에야 사용할 수 있다. 그 사람이 아니면 전할 수 없다는 것부터 그 지혜가 아니면 사용할 수 없다는 것까지 그렇게 말한 까닭이 바로 이것이다.

'믿음(信)'은 위에서 설한 바른 내용을 믿어서 다시 그릇된 외도의 견해에 물들지 않는 것이다. '일으킴(起)'은 부처님께서 몸소 증득하신 것 같은 큰마음을 일으켜서 궁극의 지위에 곧바로 나아가기를 기약하는 것이다. '론論'이라는 것은 한편으로는 법에 나아가 논하는 것이고, 한편으로는 사람에 나아가 논하는 것이다. 법의 경우는 참되고 망령된 것이 같고 다름을 변별하고 하나와 여럿이 서로 포섭함을 밝히는 것이고, 사람의 경우는 크고 작은 근기의 알맞은 바를 변별하고 그릇되고 바른 것의 얻고 잃음을 밝히는 것이다. 어두운 거리에 지혜의 해를 비추고 먼 길에 바른 길을 가리켜서 다른 길로 빠지지 않고 보배가 있는 곳으로 곧바로 향하게 할 수 있는 까닭이 바로 이것이다. '대승기신론'이라는 말은 그 뜻이 이러하다. 게송으로 말한다.

나뭇잎 하나 떨어지면 세상이 가을임을 알고	一葉落知天下秋
한 가지 위에 핀 꽃에서 온 누리의 봄을 본다.	一枝花見十方春
법의 바다에서 마음대로 느긋하게 노닐고자 하면	欲於法海恣優游
이 글을 집어 들고 크게 한번 웃어야 하리.	當把斯文一破顏

歌讚類[1)]

大乘起信論釋題【并序】

四十九年之廣談。一期談盡。八藏五乘之雄詮。一軸詮顯者。其惟大乘起信論歟。若非玄功宿著。大業曾勳者。豈其略盡。至於如是哉。馬鳴菩薩者。西天四七之一數。而時稱四日之大士也。承宿世弘願。現忍土之五天。受牟尼之遠記。紹夜奢之勝蹤。因處夢之迷徒。運無緣之大慈。述一軸之論文。攝難思之敎海。開合自在。遮表無㝷。開則現無量無过[2)]之義。合則唯一心二門之法。遮則無相不遣。表則無法不現。容多義於二門之內。而條理分明。開一心爲無过之義。而一味融通。無相不遣。而相[3)]完然。無法不現。而法法無蹤。開而不繁。合而不簡。遮而不隱。表而不現。所以與奪自在。存泯無碍。使如來之奧義。皎若臨鏡。三藏之敎海。明如指掌。未悟者聞之。則豁若雲披。已悟者見之。則彌高智路。邪見從玆永息。慧命由是不絕。起信之利。其利博哉。所謂大乘起信論者。乘喩何法。大以何義。信者信何事。起者起何心。乘是家傳之寶。運載之具。而有開濟之用也。乘之所以爲乘也。躰無不圓。相無不具。用無不周也。非其人。不堪傳。非其力。不能服。非其智。不能導也。其爲乘也。世世相傳。轉轉至今。此所以爲家傳之寶也。無物不載。而能致遠。此所以爲運載之具也。以其所有博施濟衆而不匱。此所以有開濟之用也。高焉無上。廣而無對。此躰之所以無不圓也。輪轂輨輻。乃至繩索旗幢。無緣不具。此相之所以無不具也。以其所載。當用即用。用之無竭。此用之所以無不周也。唯其嫡子然後能傳。此所以非其人。而不堪傳也。唯其大牛然後能服。此所以非其力。而不能服也。知道路之通塞。明前後之向背。然後能導。此所以非其智。而不能導也。在喩則如是。若以法配之。則此一段大事。佛祖相傳之法印。具足法財秘藏。而有開物濟世之用也。此事之所以爲大也。亦躰無不圓。相無不具。用無不周也。非菩薩而不堪相傳。非大機而不能荷擔。非智慧明達而不得便用也。此一段大事。佛祖相傳而燈燈不絕。此所以爲相傳之法印也。無法不俻。此所以爲具足法財之秘藏也。自利利它。利用無窮。此所以有開濟之用也。其爲體也。大包無外。細入無間。大包無外故。聖凡於焉同處。依正於是同居。乃至乾坤在其內。日月處其中也。細入無間故。塵塵相攝。無在不在。此躰之所以無不圓也。三德秘藏。無法不具。三身四智。由來具足。八解六通。無德不俻。此相之所以無不具也。流出一切淸淨眞如菩提涅槃及波羅蜜敎授菩薩。此用之所以無不周也。此之大事。菩薩然後堪傳。根力具足然後而能荷擔。悲智俱運然後而能得用。此所以非其人不能傳。乃至非其智不能用也。信則信如上所說之正義。而更不染於邪外之見也。起則起如佛親訂[4]之大心。而期直造乎究竟之位也。論者一則就法而論焉。一則就人而論焉。法則辨眞妄之同異。明一多而相攝。人則辨大小之機宜。明邪正之得失。此所以開智日[5]於昏衢。指徑路於脩途。令不涉乎他途。能直指乎寶所者也。所謂大乘起信論者。其意如此。頌曰。一葉落知天下秋。一枝花見十方春。欲於法海恣優游。[6] 當把斯文一破顏。

1) ⑳ 『한국불교전서』를 편집하면서 편자가 '가송류歌頌類'라는 편명을 보충하여 넣었다. 그러나 전체 목차에는 '가찬류歌讚類'로 소개되어 있다. 양자 사이에 큰 차이는 없으나 여기서는 목차에 따라 통일하여 제시한다. 2) ⑳ 일반적인 용례에 따라 '过'를 '邊'의 약자인 '边'의 오자로 보고 번역하였다. 3) ㉘ '相' 아래 '相'이 있다.(을본) ⑳ 번역은 을본에 따른다. 4) ㉘ '訂'은 '證'과 통용된다.(편자) 5) ㉘ '日'은 을본에는 '曰'로 되어 있다. 6) ㉘ '游'는 을본에는 '遊'로 되어 있다.

『원각경』에 부침
圓覺經題[1]

매우 깊고 묘한 법 묘하여 펴기 어려운데	甚深妙法妙難宣
눈 들어 보면 이미 앞에 또렷하네	舉目分明已現前
하나의 글에 하나의 글자도 없음을 안다면	若了一題[2]無一字
경전을 보며 어찌 다시 말이나 좇겠는가	看經何更逐言詮

서분
序分

명장 삼매 속에 범부와 성인 다 녹이고	光明藏裏融凡聖
평등한 모임 속에 교화하는 모습 나투시네	平等會中現化儀
한마디 안 하셔도 그 소리 땅을 울리고	不下一言聲振地
말씀하셔도 끝내 온전한 기틀 드러내지 않으시네	發言終不露全機

문수장
文殊章

여래 인지因地의 행위를 알고자 하면	欲識如來因地行
문수보살이 질문한 장을 보라	看取文殊所問章
존재가 공하며 공 또한 없음을 깨달아	了悟法空空亦亡
이로써 어리석음을 돌려 부처가 되셨네	從此轉愚成覺皇

---

1) ㉯ '題'는 '頌'으로 되어 있다. 또 왼쪽 행간에 '經題'라고 되어 있다.(을본)
2) ㉯ '題'는 을본에 '顯'으로 되어 있다.

보현장
普賢章

바른 이해 이루었다면 행위를 일으켜야 하리	正解已成須起行
그래서 보현보살이 그 방도를 물었네	普賢所以問其方
허깨비를 떠남도 떨쳐내고 떠날 것 없음에 이르러서도	離幻拂到無所離
떠날 수 없는 그것이 참되고 영원한 것이네	不可離者是眞常

보안장
普眼章

허깨비를 떠나는 첫 번째 방법을 알고프면	欲知離幻寂先方
「보안보살장」을 보아야 하리	也應看取普眼章
몸과 마음의 허깨비 바른 관찰에 의지하여 없애면	身心幻依正觀滅
맑고 깨끗하며 원만하고 밝은 부처의 경계 나타나네	淸淨圓明佛境現

금강장장
金剛藏章

중생과 부처 모두 변하는지 변하지 않는지 의심하니	生佛俱疑變不變
크게 깨달은 이 아니면 누가 변별하리	若非大覺孰能辨
금과 허공의 꽃 한번 말하니 비로소 꿈이 깨고	金華一唱夢方醒
구름 흩어진 먼 하늘에 둥근 달이 나타나네	雲散長空月圓現

미륵장
彌勒章

애욕의 뿌리 이미 없앴고 괴로움의 싹 삶아 버리니	愛根已滅苦芽燖

크고 작은 근기의 모든 사람 같은 길로 성스러운 숲 　大小同途入聖林
에 들어가네
지혜의 달 자비의 꽃 삼계에 환하니 　　　　　　智月悲花三界朗
이로부터 모든 중생들 더 이상 부침하지 않네 　生靈從此免浮沉

청정혜장
清淨慧章

맑고 깨끗한 하나의 근원 이미 툭 틔었지만 　　清淨一源已豁然
계위를 밝히고자 거듭 펴시기 청하네 　　　　爲明階位請重宣
잘못을 알고 점점 나아가 바야흐로 공이 이루어질 때 　知非漸進功方就
참됨과 망령됨 모두 잊으면 하늘에 해가 떠오르리 　眞妄都忘日上天

위덕자재장
威德自在章

수순함은 하나여도 방편은 한량없지만 　　　一般隨順方無量
정靜과 환幻과 선禪 이 세 가지가 큰 벼리일세 　靜幻禪三是大網[1]
이 세 가지를 다른 길이라 여기지 말지니 　　莫把此三爲異趣
천 갈래 모두 고향으로 돌아가는 길이네 　　　千途無路匪歸鄉

변음장
辨音章

세 가지 관법으로 수행의 길 가설해 보면 　　三觀假設修行路

---

1) ㉔ '網'은 을본에는 '綱'으로 되어 있다.

홑과 겹과 원만함으로 스물다섯 가지일세	單複圓分二十五
꿈속에서는 날이 밝지 않았다고 함께 걱정하지만	夢裏同憂天未曉
깨고 보면 그대로 해가 이미 중천일세	醒來依舊日當午

정업장
淨業章

애초에 깨닫지 못해서 참되고 영원한 것을 등지고	初因不覺背眞常
아상과 인상 일으켜 몇 번이나 애끓는 아픔 겪었는가	仍起我人幾斷腸
네 가지 상의 구름 걷히니 하나의 참된 것 드러나고	四相雲開一眞露
바다는 고요하고 하늘은 맑으니 삼라만상이 그대로 비치네	海湛空澄萬像彰

보각장
普覺章

바른 견해를 구하고 받들어 스스로도 짓고 남도 짓게 하며	正見求承作他作
원수와 친한 이 평등하게 보아 꼭 그럴 것도 안 되는 것도 없네	平等怨親無適莫
네 가지 마음 일어나는 곳에 참된 밝음 드러나니	四心發處眞明露
온 땅 위의 뭇 장님들이 다 함께 눈 뜨네	大地群盲同決膜

원각장
圓覺章

바람 그치고 물결 가라앉으니 관법 이미 이루었고	風停波息已成觀

기한이 가득 차니 방편 따라 몸 절로 편안하네	限滿隨方躰自安
따로 또는 두루 닦아 비록 길이 달라도	別徧互修雖異路
부처님 경계 나타날 때에는 두 가지가 없네	佛境現時無兩般

현선수장
賢善首章

경전의 이름에 의지하여 가르침을 받들고 다시 수행하며	依名奉教復修行
분수에 따라 널리 드날려 뭇 장님들 눈 띄워 주고	隨分宣揚刮衆盲
종자를 훈습하면 여러 생에 반드시 과보를 증득하리니	熏種多生當證果
하늘의 신들이 지켜 주리	天神所以衛爲營

총송
悤頌

다 밝힌 가르침으로 한량없는 내용 다 거두어 담았으니	了義攝盡無量義
뭇 경전의 맑고 깨끗한 눈이라 부르네	故號諸經淸淨眼
미혹의 근원과 완전한 깨달음 꿰뚫어 비추니	照徹迷根幷覺圓
다 읽고 눈 들어 보니 길고 짧은 것 없네	終篇擧目無長短

붓을 꺾음
絶筆

| 처음 출가할 때는 도를 넓히려는 뜻 세웠지만 | 出家初志在弘道 |
| 어느새 나이가 쉰다섯인데 | 不覺年登五十五 |

이 도를 빛낸 작은 공도 없으니　　　　　　未有膚功光此道
거친 말귀로나마 부처님께 보답하리　　　　但將荒句報黃老

『법화경』에 부침
法華經題[1]

법에는 다른 법이 없어 하나의 법이고	法無異法是一法
체는 색을 떠나 미묘하여 생각하기 어렵네	躰色離微妙難[2]思
범부에게나 성인에게나 모자라고 남음이 없으니	在凡在聖無欠剩
연꽃의 묘함이 이에 합하네	蓮華之妙合於斯

서품
序品

본래 마음 펴고자 한 빛 뿜으니	欲暢本懷放一光
온 누리 세계 함께 나타나 아득하게 보이네	十方同現見皆茫
보살들이 서로 묻고 답하지 않았다면	若非大士相敲唱
그때 모인 이들은 어리둥절 끝내 알지 못했으리	時會終難解蒼皇

방편품
方便品

예전에는 일승을 위해 여러 방편 보였지만	昔爲一乘示多方
지금은 방편에 의하지 않고 곧바로 드날리네	今不依方直擧揚
온 누리 모든 시대 부처님의 지견이	十方三世佛知見
모두 석가모니의 한 입에서 드러나네	惣向牟尼一口彰

---

1) ㉯ '題'는 '頌'으로 되어 있다. 또 왼쪽 행간에 '經題'라고 되어 있다.(을본)
2) ㉯ '難'은 을본에는 없다.

비유품
譬喩品

빛 뿜고 입 열어 벼리를 대략 드니	放光開口略提綱
마흔 해 동안 감추었던 일 이미 드러났네	四十年藏事已彰
사리불 홀로 알 뿐 아무도 알지 못하니	鷲子獨知餘莫測
다시 불난 집의 비유로 널리 드날리시네	更依火宅爲敷揚

신해품
信解品

손가락 덕분에 비로소 달을 볼 수 있고	因指方能見月輪
구하지도 않았는데 보배 창고가 저절로 이르네	不求寶藏自然臻
예전의 외로움과 괴로움 돌이켜 생각하며	翻思昔日跉蹄苦
지금 자재로운 몸 된 것 사무치게 기뻐하네	悲喜今爲自在身

약초유품
藥草喩品

가섭이 이해한 것 말하니 부처님께서 칭찬하시고	飮光呈解佛稱讚
가만히 교화하는 참된 자비로 다시 펼치시네	冥化眞慈更敷演
이제서야 비로소 참된 열반을 알게 되니	到此方知眞滅度
마음 돌이켜 옛적의 견해 부끄러워하네	廻心慚愧昔年見

수기품
授記品

덕이 큰 성문 1만 2천 명인데	大德聲聞万二千

오직 가섭만 불러 몸소 수기하셨네 　　獨呼飮光親授記
무심으로 받기를 구하면 또한 얻을 텐데 　　無心求受亦當得
세 성인은 어찌하여 굳이 수기를 구하는가 　　三聖如何强求記

화성유품
化城喩品

옛적의 길손 불쌍도 하지 　　可憐昔日途中客
그만두고픈 마음 깊어 차분하지 못하였네 　　願息情深未容與
길라잡이의 뛰어난 방편에 의하지 않는다면 　　不因導師善方便
어찌 어려움 없이 보배 있는 곳에 이르겠는가 　　爭得無難到寶所

오백수기품
五百授記品

부루나는 세 성인 뒤에 수기받았고 　　富那記在三聖後
5백 아라한은 누구도 복전 아닌 이 없었네 　　五百無非是福田
차례로 수기하여 함께 기쁘게 하셨으며 　　次第記令同歡喜
옷 속의 구슬 비유 사람과 하늘 무리 감동케 하셨네 　　衣珠一喩動人天

수학무학인기품
授學無學人記品

아난과 라훌라 이름 높이 드러났지만 　　阿難羅睺名高顯
구구함 면치 못하고 또한 스스로 여쭈었네 　　未免區區亦自陳
이로부터 2천 명 모두 수기를 받으니 　　從此二千悉蒙記
당시의 영취산은 봄 같았으리 　　當時靈岳想同春

법사품
法師品

자비와 부드러움과 인욕으로 부처님 자리에 앉아	慈悲柔忍坐佛座
이처럼 경을 설하면 다른 이의 스승 되기에 합당하네	尒乃說經合人師
이 사람은 부처님의 일꾼으로 마땅히 존경해야 하리니	是佛所使應尊敬
머지않아 그는 큰 깨달음 이루리	不久當成大菩提

견보탑품
見寶塔品

경의 내용 완전하고 수기 또한 완전하니	經義已圓記亦圓
문득 보배 탑 눈앞에 솟아났네	忽有寶塔踊現前
분신을 불러 모아 보배 탑을 열고	召集分身開寶塔
옛 부처님 지금 부처님 함께 앉아 사람들에게 전하기를 권하셨네	古今同會勸人傳

제바달다품
提婆達多品

왕의 자리 버리고 선인을 섬긴 것은 묘한 가르침 때문인데	捨位事仚因妙法
여자 몸 바꾸어 부처 되는 것도 다른 것 때문이 아니네	轉女成佛不由它[1]
부귀영화 버리고 도 배우는 일 참으로 드물며	弃榮學道誠希有

---

1) ㉘ '它'는 을본에 '他'로 되어 있다. 다음도 같다.

찰나에 부처가 되는 일 또한 많지 않네   刹那成佛亦非多

지품
持品

수기 듣고 마음 편해진 뭇 성문들과   聞記安心衆聲聞
물러나지 않는 가르침의 바퀴 굴리는 뭇 보살들   轉不退輪諸菩薩
유포하기를 바라는 뜻 동시에 여쭈니   同時白佛願流布
이에 이 경이 끊이지 않고 전하게 되었네   由是此經傳不絶

안락행품
安樂行品

행위가 깨끗하면 사람들 저절로 감화되니   行淨自然人感化
바람이 불면 풀이 눕듯 교화에 어려움 없네   風行草偃化無難
가르침을 설하여 사람들 이롭게 하는 자리 알고자 하면   欲知說法利人處
좋고 나쁨 모두 꿈속에 보듯 해야 하리   休咎當於夢裏看

종지용출품
從地涌出品

사람은 똑같이 덕이 높고 법에는 둘이 없으니   人同高德法無二
어찌 다른 곳에서 지니지 못하게 하리오   胡乃他方不許持
여래의 마음에 다름이 있다 말하지 말지니   莫謂如來心有異
다만 자취를 드러내어 사람들 알게 하고자 할 뿐일세   只要顯迹使人知

여래수량품
如來壽量品

가야에서 도를 이루고 본 바를 나타내어	伽耶成道現所見
모래알처럼 많은 중생들 교화했다 말하니 오히려 의심되네	謂化沙衆却成疑
보살이 물어보지 않았다면	不有大士曾發問
오래전부터 부처 이루었음을 누가 알았겠는가	久遠成佛有誰知

분별공덕품
分別功德品

목숨의 양 설하심을 듣고 이해한 것이 셀 수 없이 많은데	聞說壽量解無數
부처님께서 그 이해한 것마다 칭찬하여 드날리시네	佛隨其解各稱揚
한 품을 들은 공덕만으로도 오히려 뛰어난데	但聞一品功猶勝
널리 지니는 공덕을 헤아릴 수 있겠는가	廣持功德其可量

수희공덕품
隨喜功德品

경전을 듣고 따라 기뻐하며 쉰 번째 사람에 이르니	聞經隨喜至五十
법의 맛 더욱 신묘하지만 생각은 아직 깊지 않네	法味滋神想未深
부처님을 알고 다른 이에게 찬양하는 공 또한 뛰어나니	知佛讚它功亦勝
경전을 드러내는 묘한 이익 사람 마음 감화시키네	顯經妙利感人心

법사공덕품
法師功德品

다섯 가지 공덕 갖추고 모범이 될 만하니	五種功備堪爲範
이로부터 6천 가지 덕이 이루어지네	從妓[1]六千德乃成
감각기관과 대상과 육체와 마음 모두 지혜의 그림자인데	根境色心俱智影
지혜가 밝으니 그림자 또한 모두 밝네	智明所以影皆明

상불경품
常不輕品

참된 경전은 상이 없으니 상은 참되지 않으며	眞經無相相非眞
묘한 행위에는 내가 없으니 나는 묘하지 않네	妙行無我我非妙
경전에서 상 없음을 지니고 내가 없음을 행하며	經持無相行無我
저 상불경보살을 배우자면 천년도 오히려 적네	學彼不輕千載少

여래신력품
如來神力品

혀는 범천에 이르고 몸에서 빛을 뿜으며	舌至梵天身放光
목소리는 순식간에 온 누리에서 들리네	聲欬彈指聞十方
이처럼 찬양하여 지니며 끝없이 찬양하면	如是讚持讚無極
경전의 덕 가없이 넓은 줄 알 수 있으리	故知經德浩無疆

---

1) ㉘ '妓'는 을본에 '玄'으로 되어 있다.

촉루품
囑累品

부처님께서 정수리를 세 번 쓰다듬으시고 보살들이 세 번 아뢴 것은	佛三摩頂僧三白
가르침 유포하기 위해 간곡함을 보이신 것이네	爲令流布示叮嚀
지금 은혜에 보답하려는 이 누구인가	如今誰是報恩者
보답코자 하면 마땅히 이 경전을 널리 퍼뜨려야 하리	欲報當弘此一經

약왕본사품
藥王本事品

앞서는 한 몸 태우고 뒤에는 팔을 태우니	前然一身後然臂
이러한 것 모두 『묘법연화경』 때문이네	如是皆因妙蓮經
이 경전은 다른 경전보다 뛰어나 가장 높고 뛰어나니	經勝餘經寂高勝
우리 부처님께서 간곡히 부촉하심을 알아야 하리	故知吾佛囑叮嚀

묘음보살품
妙音菩薩品

음악을 올리고 발우를 바친 뜻은 어디에 있는가	獻樂奉鉢志在何
묘음보살의 묘한 행위는 묘한 도를 넓히고자 함이네	妙音妙行弘妙道
오늘 과연 신통한 힘이 있어	今日果能有神力
응할 바에 따라 세상을 교화함이 널리 짓는 모습을 넘어서네	隨應化物蹟洪造

관세음보문품
觀世音普門品

응할 바에 따라 변화함은 묘음보살과 같으나　　隨應變化等妙音
두루 응하여 정한 곳이 없음은 저보다 뛰어나네　圓應無方踰於彼
무진의보살이 그때 물어보지 않았다면　　　　　若非無盡曾發問
누가 보살의 무외시를 알 수 있었으리　　　　　誰知大士無畏施

다라니품
陁羅尼品

묘하고 원만함에 이르러 행위 이미 이루어졌고　　行至妙圓已十成
다시 널리 지킴에 의지하니 또한 기울어짐 없네　　更依弘護亦無傾
주문 설하여 경전 널리 펴는 보살이 가장 어여쁘니　宬憐說呪弘經士
신통한 주문의 신통한 공덕 또한 가볍지 않으리　　神呪神功也不輕

묘장엄품
妙莊嚴品

묘하고 원만하게 삿된 것을 돌려 하나로 교화하니　妙圓轉邪一般化
이 가운데 삿된 것에 집착하면 돌리기 더욱 힘드네　於中邪着轉尤難
바른 가르침에 돌아가 널리 지킴에 의지하게 하나니　轉令歸正依弘護
널리 지킴의 공덕 이곳에서 볼 수 있네　　　　　　弘護功能向此看

보현권발품
普賢勸發品

처음 문수보살을 통해 믿음을 내게 하였는데　　初依妙德令生信

밝은 지혜로 삿된 것을 뒤집고 보면 덕은 이미 이루어졌네	明至轉邪德已成
여기에서 주저앉으면 오히려 더 올라갈 길을 어그러뜨리니	坐此猶虧向上道
그래서 보현보살이 늘 해야 할 행위를 보여 주네	普賢所以示常行

총송
總頌

감각기관과 대상을 밖으로 하지 않으면서 묘한 가르침 밝히고	不外根塵明妙法
나고 죽음 떠나지 않으면서 참되고 영원한 것 보여 주네	不離生滅示眞常
이를 깨달으면 영취산의 수기를 얻을 수 있으리니	了此可得靈山記
미륵불이 와서 다시 드날리는 것을 어찌 기다리겠는가	何待龍華更擧揚

일대교적
一代教迹

아침 해 처음 떠올라 높은 봉우리 비추지만	曉日初昇照高峯
수없이 많은 골짜기 아직 어둑어둑하네	幾多峀¹⁾壑尙曚曚²⁾
나머지 산 깊은 골짜기도 모두 차츰 밝아지니	殘山幽谷漸皆朗
그때는 큰 것 작은 것 모두 맑은 하늘 함께하였으리	當年洪纖共晴空

---

1) ㉈ '峀'은 을본에 '巖'으로 되어 있다.
2) ㉈ '曚曚'은 을본에 '曚曚'으로 되어 있다.

법왕의 노래
法王歌

천지에 앞서 법왕이 있는데	先天有法中王
그 크기 크고 커서 온 누리 가득 채우네	量大恢恢滿十方
빛깔도 없고 소리도 없어 얻기 어려우며	無色無聲難可得
이름 떠나고 문자 떠나니 어찌 헤아릴 수 있으리	離名離字豈能量
완전한 밝음으로 고요히 비추니 그 체는 영묘하게 통하고	圓明寂照體靈通
사물에 응하여 모습 드러내니 공하면서도 공하지 않네	應物現形空不空
생겨나지만 생겨남이 없으니 그 자리 고요하고	生卽無生當處寂
아득하고 아득하여 있음에도 없음에도 들어가지 않네	玄玄不涉有無中
신묘하여 헤아릴 수 없고 급하여 머물게 하기 어려우며	神莫測急難留
숨고 드러남이 이리저리로 자재롭네	隱現縱橫得自由
부싯돌 불꽃이나 번갯불이 오히려 둔하고	石火電光猶是鈍
신의 머리 귀신의 얼굴도 은밀하지 않네	神頭鬼面未爲幽
풀어 놓으면 죽 이어져 작용이 끝이 없고	放去綿綿用無極
거두어들이면 촘촘하여 본체를 엿보기 어렵네	收來密密躰難窺
털끝이 비록 가늘어도 받아들일 자리가 없고	毛頭雖細容無地
법계가 비록 넓어도 남김없이 다 품네	法界雖寬括無遺
가장 높고 뛰어나 다시 더 높은 것 없는데	寂高勝更無尊
부처님께서 말씀 전하시어 함께 문을 잡으셨네	佛爲傳語相把門
조용하여 일찍이 반절의 글도 쓴 적 없는데	穆穆曾無半文費
모든 나라에서 노래 불러 천지를 울리네	萬國歌謠動乾坤
크고 완전한 깨달음이 깊은 궁궐이 되고	大圓覺是九重宮
법계의 바다가 그 우주 안에 있네	法界海爲寶宇中

법신 보신 두 몸이 좌우가 되고	法報二身爲左右
세 가지 화신은 경계 밖의 영웅이네	三種化身塞外雄
자비로운 빛 비치는 곳마다 풍류가 으뜸이니	慈光照處㝡風流
사물 사물마다 태평스럽고 아름다운 모습이네	太平風月是頭頭
바른 명령 행해질 때 우주가 어두워지고	正令行時寰區黑
범부와 성인 다 쓸어내어 아무것도 남지 않네	掃盡凡聖惣不留
이로부터 시절은 맑고 모래바람 부는 변경도 고요해지니	從此時淸沙塞靜
감히 머리 드는 마귀와 외도 다시 없네	更無魔外敢擡頭
항상됨을 지킴은 얼굴 바꾸지 않음에 있으나	鎭常在勿換面
저 세월을 따라 언제나 전변하네	任他歲月常迁轉
산과 바다 불태우는 겁화를 몇 번이나 겪었어도	幾經劫火焔山海
본체는 본래 안정되어 언제나 변하지 않네	躰自安然恒不變
아아아 이것이 어떤 얼굴인가	阿呵呵是何容
어슴푸레 있는 듯하지만 찾아보면 도리어 비었네	依俙似有覔還空
늘 마주 보고 있지만 아는 이 없으며	常相對面無人識
부처님 눈 밝다 해도 그 자취 보지 못하네	佛眼雖明不見蹤
아아아 이것이 어떤 물건인가	阿呵呵是何物
중생도 아니고 부처도 아니네	非是衆生非是佛
또한 자기도 아니고 남도 아니며	亦非自己亦非他
또한 여러 가지도 아니고 한 가지도 아니네	亦非多種亦非一
아아아 어디에 있는가	阿呵呵何所在
안팎이나 중간이나 어디에도 없네	內外中間惣不在
과거 현재 미래 다 찾아도 끝내 얻지 못하고	盡三際求終不得
온 누리 두루 다 찾아도 있는 곳이 없네	遍十方覔亦無在
문마다 옛 모습 그대로 차가운 빛 뿜고	門門依舊放寒光

지금 이 자리에서 움직이지 않고도 사방을 비추네	不動今時照四方
배 지난 뒤 칼 찾는 이에게 알리나니	爲報舟移求釰客
머리 돌려 아득한 곳에서 찾지 말게	不須廻首覔忙忙
늘지도 않고 줄지도 않고 얻음도 잃음도 없으며	不增不減無得失
성인이건 범부건 다 같은 바탕이네	在聖在凡同一質
기쁘면 낯 펴고 화나면 눈썹 찡그리며	喜來開臉怒攢眉
더우면 시원한 바람 쐬고 추우면 해를 향하네	熱至乘凉寒向日
깊고 깊은 궁궐에 홀로 앉아 있으면서도	獨坐深深九重宮
오히려 네거리에서 노닐고 있네	却來遊戲四衢中
환한 해처럼 밝고 옻칠처럼 검으며	明如杲日黑如漆
이곳저곳 어디나 길이 서로 통하네	這邊那过路相通
언제나 온갖 문에 응하지만 응함은 오히려 비었고	常應諸門應還空
모든 것에 두루 작용하지만 작용은 오히려 같네	用遍一切用還同
한 줄기 신통한 빛 오래도록 어둡지 않으니	一道神光長不昧
여섯 가지 신통한 작용은 쓰임이 끝이 없네	六般神用用無窮
몇 번이나 여러 부처의 몸으로 태어나고	幾度出生諸佛身
또한 중생들에게 주인이 되었던가	亦與衆生作主人
깨끗한 마니 구슬이 온갖 빛깔 나타내듯	如淨摩尼現衆色
대상에 따라 모든 티끌 세상 이루어 주네	隨緣成立一切塵
하나하나의 티끌마다 모든 티끌 품고	一一塵含一切塵
하나하나의 티끌마다 이 한 몸 나투네	一一塵現此一身
하늘 꼭대기에 뜬 달 즈믄 강에 내리니	天心月落千江水
강에 비친 그림자 하늘의 둥그런 달과 같네	江底影同天上輪
인드라의 구슬 두루 밝아 빛을 서로 품어	帝珠圓朙[1]光相攝

---

1) ㉄ '朙'은 을본에 '炯'으로 되어 있다.

하나와 여럿 서로 뒤섞여 있어도 뒤엉키지 않네	一多交羅亦無雜
털끝마다 국토의 바다 담을 수 있고	毛端各能藏刹海
나와 모든 부처님 본체가 서로 합하네	我與諸佛躰相合
옛 거울 만나 얼굴 비추어 보니	相逢古鏡相覰面
나는 그⁶⁴가 아니지만 다른 이가 나타난 것도 아니네	我雖非渠非別現
자비로운 얼굴 보기 어렵다 말하지 말지니	莫謂慈容難得見
티끌 티끌마다 서로 보지 않는 곳이 없네	塵塵無處不相見
성인과 범부의 의보와 정보가 여기에서 나오지만	聖凡依正從此出
이 왕은 어디에서 나오는지 모르겠네	不知此王從何出
하나 둘 셋 넷 다섯 여섯 일곱	一二三四五六七
일곱 여섯 다섯 넷 셋 둘 하나	七六五四三二一

반야의 노래
般若歌

마음 지니고 찾는 곳에 본래 자취 없으나	有心求處元無迹
마음에 기대지 않으면 언제나 뚜렷하네	不擬心時常歷歷
그 안에서 앉고 눕고 걸어 다니나니	於中坐臥及經行
모름지기 마음에 기대어 변별하려 하지 말아야 하리	不須擬心要辨的
한가로우면 한가로운 대로 바쁘면 바쁜 대로	閑則閑閑忙則忙
피곤하면 다리 펴고 밥 오면 먹네	困來伸脚飯來噇
일상의 작용을 떠나지 않으면서도 언제나 일 없으니	不離日用常無事
한 줄기 차가운 빛 감춘 곳 없네	一道寒光無處藏
오래도록 신령한 한 물건 눈앞에 있는데	長靈一物在目前
땅과도 하늘과도 같아질 수 있네	亦能同地亦同天
눈으로 보고 귀로 들어도 소리나 빛깔 없으니	眼見耳聞無聲色
나아가도 돌아와도 언제나 고요하네	展去廻來常寂然
한 몸으로 온 누리 허공을 다 품고	一身圓含十方空
한 찰나에 모든 시간 뭉뚱그릴 수 있네	一念能令十世融
네 가지 성인[65] 여섯 가지 범부[66] 모두 그 안에 있고	四聖六凡都在裏
티끌처럼 많은 겁의 바다 그 안을 떠나지 않네	塵沙刼海不離中
매우 깊은 12부의 모든 경전과 율전	甚深十二諸經律
도가와 유가와 제자백가의 저술	道儒百家諸子述
세간과 출세간의 온갖 법문	世與出世諸法門
모두 이곳에서 펼쳐져 나오네	盡從這裏而演出
저 태허처럼 포괄하지 않는 것이 없고	如彼大[1)]虛無不括

---

1) ㉮ '大'는 을본에 '太'로 되어 있다. 다음도 같다.

티끌처럼 많은 나라에 해와 달처럼 두루 미치네	亦如日月遍塵刹
출가자와 재가자 높은 이와 낮은 이를 묻지 말지니	莫問緇素與尊卑
모두 저 안에서 같이 죽고 사네	惣向彼中同死活
모양 없고 이름 없어 마치 태허 같은데	無相無名若大虛
우리 스승 임시로 바라밀이라 불렀네	我師權號波羅蜜
마하반야바라밀	摩訶般若波羅蜜
분명하게 볼 때 한 물건도 없네	了了見時無一物
산하대지는 허공의 꽃과 같고	山河大地等空華
서로 다르고 모자란 모습은 물에 비친 달과 같네	殊相劣形同水月
존재마다 뿌리 없어 모두 공으로 돌아가는데	法法無根惣歸空
오직 이 공만은 끝내 없어지지 않네	獨有此空終不滅
지금 어디에서 참된 기틀을 볼 것인가	今於何處見眞機
달 지고 구름 이니 산이 옷을 입었네	月落雲生山有衣
눈으로 보고 스스로 긍정하는 이 어찌 끝이 있으랴만	眼辦自肯人何限
귀로 듣고도 귀머거리 같은 이도 세기 어렵네	耳咞¹⁾如聾數難知
얻기도 쉽지 않지만 지키는 것은 더욱 어려우니	得之不易守尤難
움직이고 멈출 때 언제나 그 체를 안정시켜야 하리	動靜須敎體常安
누가 허공에 털 한 오라기 붙일 수 있을까마는	虛空誰着一毫許
둥근 얼음⁶⁷이 본래 있어 영원토록 차갑네	自有氷輪万古寒
그저 눈에 꺼풀이 씌어 밝은 빛이 막히니	祇因眼翳碍虛明
헛되이 허공의 꽃을 보며 높이를 다투네	妄見空花競崢嶸
그저 눈에서 꺼풀만 없애면	但向眼中除幻翳
허공에는 본래 꽃이 없고 훤하게 맑으리	空本無花廓爾淸
길손의 꿈 깨고 원숭이 소리 그치니	客夢破猿啼歇

---

1) ㉘ '咞'는 을본에 '聽'으로 되어 있다. ㉘ '咞'는 '聽'의 약자로 보인다.

맑은 바람 밝은 달만 눈에 가득하네 　　滿目淸風與明月
몇 사람이나 샀다가 다시 팔건 　　　　幾人買了還自賣
한없는 풍류는 여기에서 일어나네 　　無限風流從玆

종풍의 노래
宗風歌

한번 꽃을 들고 한번 웃은 뒤로	一拈花一笑來
동쪽과 서쪽이 하나의 영대[68]에서 서로 부합하네	東西相付一靈臺
은밀히 전하고 전하여 서른세 번[69]을 지난 뒤에	密[1]傳傳至三三後
한 가지 꽃에서 다섯 잎사귀 피어났네	一朶花中五葉開
마음이 곧 부처임과 마음이 부처가 아님을	卽心佛非心佛
네 조사[70]가 죽 전해 왔을 뿐 다른 물건 없네	歷傳四家無別物
혹은 전체를 들고 혹은 전체를 쓰는 것	或全提或全用
오래도록 크게 전하였을 뿐 다른 작용 없네	傳至侗侗無別用
혹은 기용[71]을 써서 마음대로 빼앗으니	或以機用能縱奪
몽둥이나 고함 소리 내질러 천둥처럼 놀라게 하네	棒喝交馳如雷慰[2]
혹은 묻고 답함으로써 응하여 근기를 따르니	或以敲唱應隨機
둘 다 밝히거나 하나만 말하여 잘나고 못난 이를 가려내네	雙明單說辨賢哲
혹은 치우친 것과 바른 것을 교묘하게 시설하여	或以偏正巧施設
두 손 내밀어 현묘함에 통하게도 하고 홀로 뛰어넘기도 하네	展手通玄獨超絶
혹은 한 글자로 된 관문을 주워 들고	或以提掇一字關
3구와 1구로 격발시키기도 하네	三句一句能擊發
혹은 유심의 도리로 장님 귀머거리 계도하여	或以唯心啓盲聾
빛깔과 소리 속에 묘함을 얻을 수 있게 하네	致令得妙色聲中

---

1) ⓐ '密'은 을본에 '蜜'로 되어 있다.
2) ⓐ '慰'은 을본에 '怛'로 되어 있다.

여러 집안이 가는 길이 다르다고 말하지 말지니　　莫謂諸家不同轍
수많은 물길 동쪽으로 흐르지 않는 것 없네[72]　　百千無水不朝東

닭기를 권하여 읊음
策修吟

아득히 넓은 우주 안에	茫茫宇內
그 몸뚱이 꿈틀거리는	蠢蠢其形
많은 부류의 사물들이 있지만	物衆其類
사람만이 가장 영명하네	人獨㝡靈
하늘 땅과 더불어 삼재가 되고	叅爲三才
사물 밖에 드높으니	物外崔嵬
넓고 크고 영명하게 통하는 것이	廣大靈通
누가 사람과 같겠는가	孰與人同
사람이 범부의 상태를 바꿀 수 있는 것은	人能革凡
영명한 거울을 닦아서이고	以磨靈鑑
부처님이 미혹한 이들을 제도할 수 있는 것은	佛能度迷
영지[73]를 깨달았기 때문이네	以悟靈知
아아 이 몸을	於戲此身
스스로 귀하게 여기는 것이 본디 마땅하거늘	固宜自珍
어찌 느즈러진 채	豈可放緩
스스로 새롭게 하지 않을 수 있겠는가	而不自新
국토의 바다 아득히 넓고	刹海滄茫
온갖 사물들 많고도 많은데	庶品浩穰
이 몸뚱이로 태어나게 된 것	寓形此骸
참으로 기이한 일이네	實爲奇侅
천년 만에 눈먼 거북이 있는 곳으로	千年龜處
물에 뜬 나무 저절로 흘러오고	浮木自來
기왓장과 자갈 가득한 땅에	大地瓦礫

금 알갱이 하나 있는 것과 같네	金沙一枚
얻기 어려운 것을 얻었으니	難得而得
어찌 기쁘지 않겠는가	何不慶斯
다행이고 참으로 통쾌하니	幸矣良快
어찌 돌이켜 생각하지 않겠는가	何不返思
생각하고 지켜	思之守之
바른 깨달음 이미 갖추고도	已成徧知
생각하지 않고 지키지 않아	不思不守
짐승과 뒤섞여 하나가 되었네	同禽混獸
미혹된 채 얼마나 많은 날을 보냈는데	迷經幾日
뼈대 바꿀 것을 생각하지 못하는가	不計換骨
오래도록 정신 차리지 못하더니	久不得醒
오늘도 알아차리지 못하고 있네	今猶未省
이미 지나간 일은 도모하기 어렵지만	已徃難謀
앞으로 올 일은 닦을 수 있네	來者可修
내 비록 훌륭하지 않지만	吾雖不穀
스스로 경계하고 스스로 깨달으리	自警自覺
평생 사귄 오랜 벗들	平生舊交
현명하고 어리석은 이 뒤섞여 있는데	賢愚雜糅
지금 손가락으로 꼽아 보면	如今屈指
열에 여덟아홉은 잃었네	十喪八九
조문한 이 막 돌아갔는데	唁者才廻
조문하려는 이 뒤이어 오네	弔者隨來
아침저녁 뜬구름 같은 인생	旦暮浮生
누군들 오래 머무를 수 있을까	誰能久停
가없는 괴로움의 바다	苦海無邊

오직 의식이 그렇게 만들었고	唯識使然
끝없는 업의 바다	業海無涯
오직 생각이 두루 떠받치네	唯想普持
애욕의 독을 배우지 말지니	毋[1]學嬌毒
고해에 빠지리라	將沉苦海
멋대로 탐욕을 부리지 말지니	莫縱貪機
업에서 벗어날 기약이 없으리라	脫業無期
의식이 가라앉고 생각이 없어지면	識沉想滅
오직 공적한 영지일 뿐이리니	唯寂唯知
공적한 영지가 눈앞에 나타나면	寂知現前
곧 부처님과 같게 되리라	卽同金仚
망령된 것을 다하고 참됨에 계합하는 데에는	了妄契眞
반드시 요긴한 나루터가 있으리니	必有要津
마음을 하나의 대상에 두면	心在一緣
스스로 도에 나아가리라	於道自前
도에는 옛날과 오늘이 없고	道無古今
마음에는 서로 다른 마음이 없네	心無異心
정법 상법 말법의 시대란	正像末世
범부 소인들이 망령되이 헤아린 것일 뿐이네	凡小妄計
손 놓고 다스리지 않으면	放手無制
정법 시대 또한 말법 시대이고	正亦末季
부지런히 도 닦는 일을 증진시키면	拳拳進業
말법 시대 또한 정법 시대이네	末亦正法
시대의 분별에 상관하지 말고	莫關時分

---

1) ㉯ '毋'는 을본에 '母'로 되어 있다.

모름지기 일정한 흐름을 관찰해야 하리니	須觀常運
이를 관찰하여 갈 길에 통달하면	觀是通程
스스로 깨달음의 성에 이르리	自達覺城
바르게 관찰하여 어둡지 않으면	正觀不昧
안으로 후회하는 바가 없으며	內無所悔
분수에 만족하며 구하는 것이 없으면	安分無求
밖으로 근심할 바가 없네	外無所憂
후회 없고 근심 없으면	無悔無憂
세상 밖에서 느긋하게 노니나니	物外優游
몸은 비록 세속에 있어도	身雖在塵
세간을 떠난 높은 사람일세	出世高人
사람이 도의 주인이니	人爲道宗
도는 사람을 빌려 넓혀지네	道假人洪
사람이 넓히지 않는다면	人若不洪
도는 넓혀질 길이 없네	道無由洪
세상을 이롭게 하고 법을 넓히는 것	利世弘法
우리 집안이 할 일이니	吾家事業
내 비록 못났지만	吾雖不敏
이에 스스로 힘쓰리	以是自黽
덕은 홀로 서지 않으니	德不孤立
함께 거두어들임이 이치에 마땅하리	理宜同攝
그대 스스로 힘써서	君乎自忎
서로 잘 들어맞게 하라	遞令相鰈[1]
벗은 뛰어난 원인으로	友爲勝因

---

1) ㉾ '鰈'은 을본에 '協'으로 되어 있다.

가까이서 가르쳐 다른 사람 이루어 주나니	炙[1]令成人
스스로 아직 도에 나아가지 않았으면	自未進道
모름지기 어진 이를 가까이해야 하리	也須親仁
구슬이 있으면 냇물이 맑아지고	川有珠湜
쑥도 삼밭에서는 반듯하게 자라듯이	蓬緣麻直
덕이 높아지고 업이 넓어지는데	德崇業廣
그 공은 선지식 덕분이네	功由知識

---

1) ㉘ '炙'는 을본에 '炙'로 되어 있다. ㉠ 번역은 을본에 따른다.

스스로 기뻐하여 읊음
自慶吟

사사로움 없는 한 말귀	無私一句
성인이나 범부나 다 갖추고 있네	聖凡皆具
본체는 편벽됨이나 원만함을 떠났고	躰絕偏圓
모습은 정해진 틀을 벗어났네	相離規矩
사물을 만나고 대상을 만나면	遇物遇緣
눈앞에 모습을 드러내지만	覿面呈露
어슴푸레하여 분명하지 않아	髣髴依俙
찾아봐도 잡을 수 없네	尋之罔措
일찍이 육체의 몸을	曾以色身
참된 몸으로 여겼는데	爲我眞身
오늘 이 몸을 보니	今觀此身
허깨비일 뿐 참되지 않네	是幻非眞
참된 몸은 모습을 벗어나고	眞身絕相
한량없이 커서	大無限量
그저 비었고 고요하다 하는데	但云空寂
고요한 것 또한 고요한 것이 아니네	寂亦非寂
일찍이 대상을 취하는 마음을	曾以緣心
참된 마음으로 여겼는데	爲我眞心
마음 또한 몸과 같아서	心亦如身
그림자일 뿐 참되지 않네	是影非眞
참된 마음은 생각을 벗어나고	眞心絕慮
근원을 궁구하여도 있는 곳이 없어서	窮元無處
그저 영지라고 말할 뿐인데	但云靈知

지 또한 지가 아니네	知亦非知
일찍이 눈앞에	曾於目前
온갖 모습 어지러웠는데	萬狀摐然
오늘 눈앞에	今於目前
모든 것이 고요하네	一切寂然
둘이 아니면서도 둘이어서	不二而二
모습마다 다름이 있네	相相有異
다르지만 오히려 같으니	異而還同
함께 한곳으로 돌아가네	同歸一致
일찍이 내 몸이	曾謂我身
부처님 몸과 다르다 하였는데	不同佛身
지금 내 몸을 보니	今觀我身
또한 부처님 몸과 같네	亦同佛身
자기 몸 다른 이의 몸	自身他身
다 같이 한 몸이네	同是一身
사물 사물마다 가지런히 살펴보니	物物齊觀
그 사이에 다른 몸 없네	中無異身
일찍이 생각하기를 부처님의 지혜 얻으려면	曾謂佛知
3아승기겁이 다 차기를 기다려야 한다 했는데	待滿三祇
한 찰나에 기틀을 돌리니	刹那廻機
성인과 같이 돌아가네	與聖同歸
범부의 자리에서 스스로 굽히는 것은	處凡自屈
그저 사물만을 쫓기 때문이니	只因逐物
정을 일으키지만 않으면	但不生情
그 마음이 곧 부처일세	即心是佛
일찍이 생각하기를 부처님 경지는	曾謂佛地

자신을 믿으면 바로 그것이다 하였는데	信己即是
여덟 가지 바람 불어오니	八風吹倒
멍하니 길을 잃었네	茫然失路
길이 바르게 되고 바람이 그치는 것은	路正風息
모름지기 관찰하는 힘에 의지해야 하나니	須憑觀力
내 이제 바른 관찰에 의지하여	我依正觀
마음이 차츰 편안하게 되었네	心得漸安
일찍이 생각하기를 신통한 작용은	曾謂神用
깨달으면 곧 쓸 수 있다 하였는데	悟則便用
이제야 알겠네 초보의 마음으로는	始知初心
묘한 작용 드러내기 어렵다는 것을	難呈妙用
무거운 짐 지고 먼 데 이르는 일	負重致遠
어린아이가 바랄 일이 아니네	非兒堪願
자못 세월이 지나니	頗經歲月
마음대로 움직이며 스스로 건장하네	任運自健
지난 잘못 깊이 생각해 보니	緬思已過
부처님의 꾸지람 몇 번이나 들었던가	幾被佛訶
어찌하여 마음 돌리지 않고	何不廻心
오늘까지도 떠돌게 되었는가	流浪至今
다행히 완전한 가르침 만났으니	幸逢了義
이로써 기뻐하고 이로써 격려하네	以慶以噴
이러한 만남 아니었다면	不因此遇
어찌 바른 길을 알았으리오	焉知正路
우뚝하여 말미암는 바가 없으니	卓爾末由
노래할 수 없음을 아네	知不可謳
어리석은 아이 이끌고자	爲引痴孩

낯 두껍게도 가슴을 여네	强顔開懷
한낮 그윽한 집에서	日午幽齋
스스로 읊고 스스로 즐거워하네	自吟自諧
다 읊고 나서 돌아보니	吟罷廻看
푸른 벼랑 위로 달이 떠오르네	月上蒼崖

아미타불에 대한 찬탄[74]

제1. 참된 경지로부터 교화를 일으킴

두루 밝고 공하며 참되고 깨끗한 세계에는 본래 몸이나 국토가 없지만
중생들을 위해 비원을 일으키니 바야흐로 숨고 나타남이 있게 되었네.
우리 중생들은 오래도록 미혹된 길을 가면서
돌아가 의지할 곳이 없었는데
장엄한 국토 모습을 나타내시니
가장 드문 일이네.
이를 허깨비처럼 머무는 장엄이라 하나니【두 번 부름】[75]
방편으로 맞아 이끄시네.

彌陁讚
第一從眞起化
普明空眞淨界。本無身土。爲衆生興悲願。方有隱現。我等衆生。長在迷途。
無所依歸。嚴土現形。寂希有。是則名爲。幻住莊嚴【再唱】。方便接引。

제2. 근기에 따라 모습을 나타냄

자수용신 타수용신 자타수용신
큰 화신 작은 화신 세 가지 화신
이러한 몸의 구름 훈습하여 나투기 자재롭고
끝내 원만하여 정한 곳 없이 두루 응하시니
또한 드문 일이네.

이를 크게 자비로운 아버지라 부르나니【두 번 부름】
부류에 따라 거두어 교화하시네.

第二隨機現相
自受用他受用。自他受用。大化身小化身。三種化身。如是身雲。熏現自在。
究竟圓滿。普應無方。亦希有。是則名爲。大慈悲父。[1) 隨類攝化。

---
1) ㉤ '父' 아래 '再唱'이 있다.(을본)

제3. 모습을 보고 믿음을 일으킴

크게 애달파하시는 왕, 크게 따뜻하신 아버지 아미타불
정수리의 훌륭한 모습, 육계의 훌륭한 모습과 다함이 없는 훌륭한 모습
하나하나 훌륭한 모습마다 한량없는 빛을 뿜고
한량없는 부처님을 화현하시어 중생들을 깨닫게 해 주시니
또한 드문 일이네.
열 개 꽃 속의 바다에 있는 큰 사람의 훌륭한 모습【두 번 부름】
모두 우러러보며 흠모하네.

第三覩相生信
大悲王大慈父。阿彌陀佛。頂上相肉髻相。無盡相好。一一相好。放無量光。
化無量佛。開悟衆生。亦希有。十華藏海。大人相好【再昌】。[1) 瞻皆仰慕。

---
1) ㉤ '昌'은 을본에 '唱'으로 되어 있다. 다음도 같다.

제4. 이름을 듣고 감화됨

아미타불 마흔여덟 가지 으뜸가는 큰 서원

• 141

하나하나 중생들 건네주기 위함이니 진실로 온 누리 감화시키시네.
이러한 서원으로 말미암아 바른 깨달음 이루시고 나서도
지금도 극락에 머무시며 서원대로 중생들 건네주시니
또한 드문 일이네.
넓고 큰 서원의 힘 평등하게 이롭게 하시나니【두 번 부름】
듣고는 모두 감화되네.

第四聞名感化
阿彌陁四十八。廣大願王。一一爲度衆生。誠感十方。因如是願。已成正覺。現住安養。如願度生。亦希有。廣大願力。平等饒益【再唱】。聞皆感化。

제5. 잠시만 불러도 모두 이익을 얻음

열 가지 선한 일 받들어 행하고 다섯 가지 계율 지켜도 오히려 괴로움 면하지 못하고
열 가지 악한 일 저지르고 다섯 가지 큰 죄 저지르면 마땅히 무간지옥에 떨어지지만
잠시라도 아미타부처님 이름 부르면 무겁건 가볍건
모든 죄 영원히 떠나고 영원히 삼계를 벗어나니
또한 드문 일이네.
아미타불의 큰 자비와 서원의 힘으로【두 번 부름】
모두 해탈하네.

第五暫稱皆益
奉十善持五戒。猶未免苦。犯十惡干五逆。應墮無間。暫稱佛號。罪無輕重。皆令遠離。永出三界。亦希有。阿彌陁佛。大悲願力【再昌】。皆得解脫。

제6. 노력은 작으나 이익은 큼

부처님의 밝은 빛, 부처님의 목숨, 부처님의 공덕의 바다는
3아승기겁에 걸쳐 만 가지 행위를 닦아야 비로소 다할 수 있는데
부처님의 이름 생각하기만 하면 공덕의 깊이에 따라
모두 삼계를 벗어나게 하고 수기를 주어 부처 되게 하니
또한 드문 일이네.
아미타불 큰 서원의 왕【두 번 부름】
열 번만 염불하면 벗어나 올라가네.

第六功小益大
佛光明佛壽命。佛功德海。歷三祇修萬行。方始究竟。但念佛號。隨功淺深。悉令超[1]昇。授記作佛。亦希有。阿彌陁佛。大誓願王【再昌】。十念超昇。

1) ㉠ '超'는 을본에 '起'로 되어 있다. 다음도 같다.

제7. 근기에 따라 두루 맞이함

저 부처님께는 아홉 가지 연꽃 피어난 곳이 있어 한량없이 화현하여
염불하는 사람들 높낮이에 따라 그 안에서 맞이하시네.
이 같은 방편으로 이같이 맞이하여 이끄시어
모두 부처 되게 하시며 중생들 건네주는 일 싫증내지 않으시니
또한 드문 일이네.
아미타불 큰 방편의 힘【두 번 부름】
아홉 등급으로 벗어나 태어나게 하네.

第七隨機普接

彼佛有九蓮臺。化現無量。念佛人隨高下。接向其中。如是方便。如是接引。悉令成佛。度生無猒。亦希有。阿彌陁佛。大方便力【再昌】。九品超生。

제8. 온 누리에서 홀로 높음

과거 부처님, 현재 부처님 한량없고 가없으며
사방과 위아래에 부처님 또한 수없이 많으시네.
이 모든 부처님들 가운데 특히 아미타불을 으뜸이라 칭하니
이처럼 높고 뛰어남 또한 드문 일이네.
아미타불 큰 위덕의 힘【두 번 부름】
높고 뛰어나 견줄 이 없네.

第八超方獨尊

過去佛現在佛。無量無过。[1] 四方與上下方。佛亦無數。於此諸佛。特稱彌陁。而爲第一。如是高勝。亦希有。阿彌陁佛。大威德力【再昌】。高勝無比。

---
1) ㉘ '过'은 '辺'이다. 다음도 같다.

제9. 염불하기를 권하는 공덕이 높음

삼천대천세계를 일곱 가지 보배로 가득 채워 보시한 공덕 이미 한량없고
다시 교화하여 네 가지 과보 증득하게 하면 그 공덕 또한 가없네.
남들에게 염불하도록 권하면 그 공덕 저보다 뛰어남을
부처님께서 또렷이 말씀하셨으니
이러한 덕화 또한 드문 일이네.
남들에게도 권하고 자기도 염불하여 공덕 짓는 행위 가득 채우면【두 번

부름】
곧바로 상품으로 올라가네.

第九勸念功高
滿三千施七寶。功已無量。更化令訂[1]四果。德亦無过。勸人念佛。功德勝彼。佛說分明。如是德化。亦希有。勸人自念。功行滿足。[2] 直登上品。

1) ㉘ '訂'은 '證'과 통한다.(편자) 2) ㉘ '足' 아래 '再唱'이 있다.(을본)

제10. 높이 벗어나 원만하게 증득함

크게 용맹하고 큰 세력 가진 왕 아미타불
한량없는 빛, 한량없는 목숨, 한량없는 공덕
자세히 살펴보면 사람마다 다 갖추고 있는데
아미타부처님께서 먼저 완전하게 증득하셨으니
또한 드문 일이네.
마음이 바로 정토이고 자신의 성품이 바로 아미타불이니【두 번 부름】
아미타부처님처럼 함께 증득하세.

第十高超圓證
大雄猛大勢王。阿彌陀佛。無量光無量壽。無量功德。細細看來。人人分上。各自具足。佛先圓證。亦希有。唯心淨土。自性彌陀。[1] 如佛共證。

1) ㉘ '陀' 아래 '再唱'이 있다.(을본)

극락에 대한 찬탄[76]

제1. 저 부처님과 이 부처님께서 함께 교화하심

이끄시는 큰 스승 아미타불께서 저곳에서 맞이하는 모습 나투시고
우리 본래의 스승 석가모니께서 권하여 왕생하게 하시네.
저곳과 이곳의 여래께서 다 같이 큰 자비로써
저마다 방편을 시설하여 미혹된 무리들 함께 건네주시니
가장 드문 일이네.
저 부처님 이 부처님의 큰 자비와 큰 교화【두 번 부름】[77]
그 은혜 어버이보다 크네.

安養讚
第一彼此同化
大導師阿彌陁。現彼接引。我本師釋迦文。勸令徃生。彼此如來。同以大悲。各設方便。共度迷倫。寂希有。彼佛此佛。大悲大化【再昌】。恩愈[1]父母。

---
1) ㉑ '愈'는 을본에 '踰'로 되어 있다.

제2. 의보와 정보 모두 뛰어남

극락이나 안양은 저 부처님 나라의 이름이고
무량광, 무량수는 저 여래 이름이네.
그 이름만 들어도 그 안에서 살아갈 계책 한 찰나에 바로 알아
저곳에 왕생하기를 좋아하니
또한 드문 일이네.

부처님께서 지금 저 나라에 머물러 설법하시니【두 번 부름】
바다처럼 큰 모임 분명히 보이네.

第二依正俱勝
曰極樂曰安養。名彼佛土。無量光無量壽。名彼如來。但聞其名。其中活計。
一念便知。欣彼往生。亦希有。佛於彼國。現住說法。[1] 海會昭然。

1) ㉑ '法' 아래 '再唱'이 있다.(을본)

제3. 즐겁기만 하고 근심이 없음

저 부처님 나라에는 세 가지 악이 없고 여덟 가지 괴로움도 없으며
왕생한 사람의 몸은 금빛이고 모두 묘하게 훌륭한 모습 갖추며
궁전이 몸을 따르고 입을 것과 먹을 것 저절로 다 갖춰져서
언제나 끝없이 누리니
또한 드문 일이네.
보배 옷과 보배 도구 향기로운 음식과 진귀한 음식【두 번 부름】
생각하는 대로 눈앞에 나타나네.

第三純樂無憂
彼佛國無三惡。亦無八苦。往生人身金色。皆具妙相。宮殿隨身。衣食自然。
一切具足。常享無極。亦希有。寶衣寶具。香䑋[1]珎羞。[2] 隨念現前。

1) ㉑ '䑋'은 을본에 '饌'으로 되어 있다. 2) ㉑ '羞' 아래 '再唱'이 있다.(을본)

제4. 체의 장엄을 갖춤

일곱 겹 난간, 일곱 겹 그물, 일곱 겹으로 줄지어 선 나무

일곱 가지 보배 연못, 일곱 가지 보배 대, 일곱 가지 보배 누각
하나하나 화려하고 맑고 투명하여 막힘이 없어
서로서로 겹겹으로 비치며 맑고 깨끗하고 장엄하게 꾸미니
또한 드문 일이네.
보배 대와 보배 누각, 보배 나무, 보배 그물【두 번 부름】
장엄함이 묘하게 좋네.

第四條體莊¹⁾嚴

七重欄七重網。七重行樹。七寶池七寶臺。七寶樓閣。一一華麗。瑩徹無礙。交影重重。淸淨嚴飾。亦希有。寶臺寶閣。寶樹寶網。²⁾ 莊嚴妙好。

---
1) ㉘ '莊'은 을본에 '壯'으로 되어 있다. 다음도 같다. 번역은 을본에 따른다.   2) ㉘ '網' 아래 '再唱'이 있다.(을본)

제5. 연꽃 연못에 태어남

일곱 가지 보배 연못에 여덟 가지 공덕의 물이 가득하고
못 가에 사방으로 나 있는 계단과 길은 뭇 보배로 이루어졌네.
연못에는 수레바퀴만 한 연꽃이 물 위를 덮고 있는데
그 가운데 태어나니
또한 드문 일이네.
아홉 등급 연꽃 대가 순서대로 바둑판처럼 퍼져 있어【두 번 부름】
분수대로 태어나네.

第五花池受生

七寶池八德水。充滿其中。池邊有四階道。衆寶合成。池中蓮華。大如車輪。開敷水面。於中受生。亦希有。九品花臺。次第碁布。¹⁾ 隨分受生。

1) ㉯ '布' 아래 '再唱'이 있다.(을본)

제6. 온 누리를 돌아다님

황금의 땅과 푸른 하늘에 언제나 하늘의 음악 연주하고
아침저녁으로 여섯 번 하늘의 꽃 뿌려 향내 짙은데
그곳 중생들 보배 전각 타고 온갖 묘한 꽃을 들고
다른 곳에 가서 공양하니
또한 드문 일이네.
온 누리 부처님 나라에 밥 먹을 시간 정도면 가고【두 번 부름】
가서 돌아오는 데 걸림 없네.

第六十方遊行

黃金地碧虛空。常作天樂。雨天花香芬馥。晝夜六時。其中衆生。身乘寶殿。賫[1)]衆妙花。供養他方。亦希有。十方佛土。飯食頃行。[2)] 往返無碍。

1) ㉯ '賫'는 을본에 '賷'로 되어 있다. 2) ㉯ '行' 아래 '再唱'이 있다.(을본)

제7. 소리를 듣고 수행을 증진시킴

흰 학과 공작 등이 잘 어우러진 우아한 소리 내고
산들바람 불면 뭇 나무들 미묘한 소리 내니
이 소리 듣는 이들 저절로 부처님 가르침 생각하는 마음 일으켜
수행을 증진시키니
또한 드문 일이네.
보배 나무, 보배 대 빛을 뿜고 법을 설하여【두 번 부름】
법의 교화 널리 펼치네.

第七聞音進修

白鶴與孔雀等。出和雅音。微風吹動諸樹。出微妙聲。聞是音者。自然皆生。念佛法心。增進修行。亦希有。寶樹寶臺。放光說法。[1] 宣流法化。

---
1) ㉻ '法' 아래 '再唱'이 있다.(을본)

제8. 부처님처럼 오래 삶

아미타불 바른 깨달음 이루신 뒤 지금까지 10겁이 지났는데
왕생하는 사람들은 높낮이 없이 모두 부처님과 같은 목숨 누리네.
열 번 염불하면 부처님 서원의 힘을 타고 저절로 왕생하여
나고 죽음을 영원히 끊으니
또한 드문 일이네.
부처님의 서원의 힘을 타고 열 번 염불하여 왕생하니【두 번 부름】
목숨 길고도 기네.

第八長壽等佛

阿彌陀成正覺。於今十劫。徃生人無高下。與佛齊壽。十念成就。承佛願力。自然徃生。永斷生死。亦希有。承佛願力。十念徃生【再昌】。壽命長遠。

제9. 벗을 통해 도에 나아감

관세음보살과 대세지보살 한량없는 바다처럼 많은 무리
선근을 갖추고 복덕을 지닌 매우 선한 모든 이들
그 안에서 앉거나 눕거나 보고 듣는 것으로 훈습되어
부지런히 수행하여 함께 깨달음으로 나아가니
또한 드문 일이네.

매우 선한 모든 사람들을 진리의 벗으로 삼으니【두 번 부름】

훈습되어 증진하네.

第九因友進道

觀世音大勢至。無量海衆。具善根有福德。諸上善人。於中坐臥。見聞熏習。精進修行。同趣菩提。亦希有。諸上善人。以爲法侶。[1] 熏習增進。

1) ㉑ '侶' 아래 '再唱'이 있다.(을본)

제10. 염불하여 교화를 입음

하루나 이틀이나 나아가 이레에 이르기까지

한마음으로 아미타불을 염불하면 온갖 죄가 없어지고

목숨이 다할 때 부처님과 보살님께서 빛을 뿜으며 맞이하시어

아홉 가지 연꽃 속에 왕생하니

또한 드문 일이네.

이미 일으켰고 지금 일으키고 앞으로 일으킬 으뜸가는 서원으로【두 번 부름】

모두 왕생하네.

第十念佛蒙化

若一日若二日。乃至七日。一心念阿彌陁。諸罪消滅。臨命終時。蒙佛菩薩。放光接引。九蓮化[1]徃。亦希有。已發今發。當發願王。[2] 皆得徃生。

1) ㉑ '化'는 을본에 '花'로 되어 있다. 번역은 을본에 따른다. 2) ㉑ '王' 아래 '再唱'이 있다.(을본)

『아미타경』에 대한 찬탄[78]

제1. 지름길을 열어 보임

크도다. 이끄시는 큰 스승 석가모니불께서
뭇 근기에 응하시어 삼승을 여시니 설하지 않은 가르침이 없네.
다시 그 가운데 따로 방편을 열고
이 경전을 펼쳐 설하여 정토를 닦게 하시니
가장 드문 일이네.
큰 자비의 세존께서 이 경전을 설하여 보이시니【두 번 부름】[79]
어둠 속에서 등불을 얻은 듯하네.

彌陁經讚
第一開示捷徑
大矣哉大導師。釋迦文佛。應群機開三乘。無法不說。更於其間。別開方便。
演說是經。令修淨土。寂希有。大悲世尊。說示此經【再昌】。如暗得燈。

제2. 미혹한 무리에게 길을 가리키심

불쌍하고 불쌍한 우리 중생들
태어나면 죽고 죽으면 다시 태어나서 괴로움 다할 기약 없네.
우리 세존께서 훌륭한 방편을 열어 보이시고
나아가기를 권하시어 물러나지 않게 하시니
또한 드문 일이네.
우리 본래의 스승께서 중생들을 이끄시는 큰 자비로【두 번 부름】

어린아이를 돌보듯 하네.

第二指途迷倫

可憐生可憐愍。我等衆生。生復死死復生。苦無盡期。惟我世尊。善權方[1]便。開示勸進。令不退墮。亦希有。惟我本師。導生大悲。[2] 如保赤子。

1) ㉑ '方'은 을본에 '便'으로 되어 있다. 2) ㉑ '悲' 아래 '再唱'이 있다.(을본)

제3. 나라를 찬탄하여 기뻐하게 함

저 부처님 나라의 이름은 극락 안양 정토인데
우리 본래 스승께서 사람과 하늘 무리에게 좋아할 만한 것을 보이시고
그곳 장엄의 갖가지 빼어나고 뛰어난 모습
말마다 가득 칭송하고 드날리시어 왕생하도록 권하시니
또한 드문 일이네.
우리 이끄시는 큰 스승 위없는 진리의 왕께서【두 번 부름】
저 정토를 찬탄하시네.

第三讚土令忻

彼佛國名極樂。安養淨土。我本師示人天。所以爲樂。其中莊嚴。種種殊勝。滿口稱揚。勸令往生。亦希有。我大導師。無上法王。[1] 讚彼淨土。

1) ㉑ '王' 아래 '再唱'이 있다.(을본)

제4. 아미타불을 찬탄하여 염불을 권함

저 부처님 이름은 무량광이고 무량수인데

우리 본래 스승께서 사람과 하늘 무리에게 무량인 까닭을 보이시고
불가사의한 공덕의 이익을 말마다 가득 칭송하고 드날리시어
착실하게 염불하도록 권하시니
또한 드문 일이네.
우리 이끄시는 큰 스승께서는 뭇 성인들 가운데서도 존귀하신데【두 번 부름】
저 아미타불을 찬탄하시네.

第四讚佛勸念
彼佛號無量光。亦無量壽。我本師示人天。所以無量。不可思議。功德之利。
滿口稱揚。勸令勤念。亦希有。我大導師。衆聖中尊。[1] 讚彼彌陁。

1) ㉠ '尊' 아래 '再唱'이 있다.(을본)

제5. 여섯 방위에서 같이 찬탄함

동쪽 남쪽 서쪽 북쪽 위쪽 아래쪽의 모든 부처님들
넓고 긴 혀로 대천세계 두루 다 덮고 진실로 말씀하시기를
그대 중생들은 모든 부처님께서 지켜 주시는 경전을 믿으라 하시니
이처럼 함께 찬탄하는 일
또한 드문 일이네.
부처님마다 넓고 긴 혀의 훌륭한 모습으로【두 번 부름】
같이 찬탄하여 지니기를 권하시네.

第五六方同讚
東南方西北方。上下諸佛。廣長舌遍大千。說誠實言。汝等衆生。當信諸佛。
所護念經。如是同讚。亦希有。佛佛皆以。廣長舌相。[1] 同讚勸持。

1) ㉯ '相' 아래 '再唱'이 있다.(을본)

제6. 저 부처님과 이 부처님이 서로 맞이함

본래 스승 석가모니불께서 아미타불의 공덕을 찬탄하듯이
저 모든 부처님 또한 그렇게 우리 부처님 여래께서
오탁악세에 큰 깨달음 이루시고 믿기 어려운 가르침 설하시는 것을 찬탄하시니
이처럼 서로 찬탄하는 일
또한 드문 일이네.
저 여래와 이 여래께서 모두 극락으로 말미암아【두 번 부름】
서로 칭송하고 찬탄하시네.

第六彼此相接

如本師釋迦尊。讚佛功德。彼諸佛亦稱讚。我佛如來。能於五濁。成大菩提。說難信法。如是相讚。亦希有。彼此如來。皆因極樂。[1] 互相稱讚。

1) ㉯ '樂' 아래 '再唱'이 있다.(을본)

제7. 사람과 하늘 무리가 함께 따름

정토를 찬탄하고 아미타불을 찬탄하여 이 경전을 설하여 마치시니
사리불과 뭇 비구들과 천룡팔부가 부처님께서 설하신 것을 듣고
펄쩍펄쩍 뛰고 기뻐하면서 믿고 받아들여 받들어 행하고
널리 퍼뜨리고 법에 따라 교화하겠다 하니
또한 드문 일이네.
경전을 듣고 받아 지녀 왕생하겠다는 서원을 일으키는 이【두 번 부름】

• 155

그 수 한량없네.

第七人天共遵

讚淨土讚彌陁。說此經已。舍利弗諸比丘。八部龍天。聞佛所說。歡喜踊躍。信受奉行。流通法化。亦希有。聞經受持。發願往生。[1] 其數無量。

1) ㉾ '生' 아래 '再唱'이 있다.(을본) 다음도 같다.

제8. 현재와 미래에 모두 이익이 됨

정법 시대, 상법 시대 저마다 천년인데 이미 지나갔고
왕생한 사람 헤아릴 수 없음은 모두 경전의 힘을 받은 것이네.
이 경전은 참으로 기이하여 모든 경전 다 없어진 뒤에도
홀로 세상에 남아 인연이 있는 중생들 다 건네주니
또한 드문 일이네.
보고 들은 이 모두 왕생하여【두 번 부름】
저 언덕에 같이 오르네.

第八現未俱益

正像法各千年。已成過去。往生人不可計。皆承經力。奇歟此經。群經滅後。獨留於世。度盡有緣。亦希有。凡有見聞。皆得往生。同登彼岸。

제9. 마음의 감응을 쉽게 일으킴

과거와 현재의 한량없는 모든 부처님
중생들 건네주고자 세상에 나오셨네.
우리 불자들은 저 모든 부처님께 빨리 얄팍한 마음을 돌려야 하리니

이에 이르러 잘못을 아는 것
또한 드문 일이네.
기이하고 묘하네, 우리 부처님의 교화【두 번 부름】.
문득 머리를 돌리네.

第九易發機感

過去與現在世。無量諸佛。莫不爲度衆生。出現於世。我等佛子。於彼諸佛。
早當廻機。到此知非。亦希有。奇哉妙哉。我佛風化。[1] 忽然回頭。

1) ㉑ '化' 아래 '再唱'이 있다.(을본)

제10. 두루 염불하여 회향함

나고 죽음을 벗어나는 큰 방편을 설하지 않은 가르침 없지만
지름길 가리켜 미혹한 무리 건네주심은 이 경전이 더욱 깊고 간절하네.
시작이 없던 때부터 지금껏 애욕의 강에 오래 잠겨 벗어날 길 몰랐는데
이 경전으로 돌아갈 곳을 알게 되니
또한 드문 일이네.
넓고 크네, 이 경전의 위덕이여【두 번 부름】.
쓸리듯 좇아 교화되네.

第十普念回向

離生死大方便。無敎不說。指徑路度群迷。此尤深切。無始至今。長沉愛河。
不知出要。因此知歸。亦希有。廣矣大矣。此經威德。[1] 靡然趨化。

1) ㉑ '德' 아래 '再唱'이 있다.(을본)

젊은 비구 홍준洪俊이 부처님과 가르침과 승려가 보배인 까닭을 여쭈니 스님[80]이 곧바로 그 말에 응하여 이렇게 답하셨다

　세상에서 보배롭게 여기는 것은 금과 옥이다. 금과 옥은 세상에서 소중하게 여기고 사람마다 바라는 것이다. 승려로서 다섯 가지 덕을 갖추고 여섯 가지 화합을 갖추며 이해와 행위가 보통 사람들을 넘어서고 몸가짐이 빼어나며, 다른 사람들이 알지 못하는 것을 알고 다른 사람들이 하지 못하는 것을 할 수 있으면 사람 가운데 표준이 되고 모든 이들의 눈과 귀가 되니, 출가자와 재가자가 함께 귀의하고 사람과 하늘 무리가 함께 존중한다. 부처님을 스승으로 삼고 가르침 넓히는 것을 임무로 삼으니 부처님과 가르침과 더불어 보배로 불린다.

小師洪俊。問佛法僧所以爲寶。師即應聲答曰。
世之所寶。金與玉也。夫金玉爲世之所重。而人人之所慕者也。僧也者。具五德。脩六和。解行超群。容儀挺特。知人之所未知。能人之所未能。人中之標準。諸方眼目。道俗同歸。人天共尊。以佛爲師。弘法爲任。得與佛法。並稱爲寶。

『원각경』을 다 읽었는데 때마침 비가 그쳤다. 이에 부처님의 교화에 감복하였다[81]
讀罷圓覺。時方雨霽。因感佛化。

붉은 티끌 세간에 가득함을 하늘이 싫어하여	天猒紅塵滿世間
티끌 먼지 다 씻어내고 맑고 훤한 풍광 드러내네	塵埃洗盡露淸閑
집 안에 스며든 상쾌한 기운 몸속까지 차갑게 하고	侵軒爽氣通身冷
산을 비추는 밝은 햇살 두 눈에 차갑네	照岳晴光兩眼寒
부처님 교화 입은 그때의 법회를 돌이켜 생각하니	翻思蒙化當年會
오늘 현등사에서 느끼는 기쁨과 비슷할 듯하네	應似懸燈此日歡
한 권의 요의경을 이제 막 다 읽었는데	了義一篇才讀了
험한 산 깊은 곳에 흐르는 물소리 들리네	亂山深處听[1]潺湲

---

1) ㉠ '听'은 '聽'(을본)의 약자이다.

준 상인에게 마리산 정수암에 머물기를 권함
勸俊上人住摩利山淨水菴

마리산은 해동의 절경인데	摩利爲山絶海東
바닷가에 암자가 있어 하늘을 누르고 있네	有菴臨海壓蒼穹
한 집의 풍치가 천 개의 봉우리 속에 있고	一軒風月千峰裏
천 리 강산이 한눈에 보이네	千里江山一望中
눈앞에 빛나는 기이한 풍경이 어찌 여덟뿐이리	煥目奇觀奚啻八
가슴을 열면 뛰어난 경치 아득히 끝없네	開懷勝景渺無窮
그 당시 여산을 상대할 만하니	當年廬岳堪爲對
그대 그곳에서 혜원 스님을 잇기 바라네[82]	請[1]子於焉繼遠公

---

1) ㉯ '請'은 을본에 '諸'로 되어 있다.

목은의 시를 읽고 감로사[83]를 생각하며 운을 따서 지음
因讀牧隱詩憶甘露寺次韻

관서의 넓은 강 남쪽으로 흐르는데	關西江闊向南流
그 위에 절 있어 맑고 그윽하네	上有招提淸且幽
목동의 피리 소리는 노 젓는 소리와 어우러지고	牧笛聲交搖掉[1]響
바람에 부푼 돛 그림자는 구름 위로 솟은 누각과 맞닿네	風軌[2]影接聳雲樓
해 높이 뜬 벼랑 아래 연기 피어나는 전각 있고	日高崖下煙生閣
밤들어 고요한 물결 위로 달은 배에 가득 차네	夜靜波頭月滿舟
서쪽에서 오신 조사 일찍이 머물던 자취 들었으니	吾聞西祖曾留迹
다른 날 마땅히 그쪽으로 떠나리	他日還應向彼遊

---

1) 원 '掉'는 을본에 '棹'로 되어 있다. 역 번역은 을본에 따른다.
2) 원 '軌'는 을본에 '帆'으로 되어 있다. 역 번역은 을본에 따른다.

산에서 – 선비를 대신하여 읊음
山中行代士吟

절에 들러 스님 만나 찻상을 함께하니	過寺逢僧共一床
한가로운 이 바쁜 이 서로 만나 둘 다 잊네	閑忙相會兩相忘
구름 높이 뜬 달 침상에 비치니 세상은 고요하고	凌雲月榻塵還靜
물기 스민 아담한 집은 더위조차 서늘하네	浸水風軒暑亦凉
새벽을 알리는 종소리는 손님의 꿈을 깨우고	報曉鍾聲醒客夢
숲을 뚫는 새소리는 길손의 옷자락을 흔드네	穿林鳥語動征裳
이에 다시 여산의 길을 생각해 보니	從玆更憶廬山路
세 사람[84]의 웃음소리 그대로 귓가에 들리네	三笑依然在耳傍

서원 허 목천에게 주는 시【서序도 함께 붙임】
與西原許木川詩【幷序】

보통의 사람 마음은 오직 눈앞의 즐거움만을 추구하고 죽은 뒤를 생각하지 않으니, 백 년 동안 쌓아서 다섯 집안이 쟁탈하는 것이 되고, 한때 버려서 만세의 존귀한 영화를 누리게 된다는 것을 알겠는가? 서원의 허 군자는 몸은 세속에 살고 있지만 뜻은 맑고 빈 것을 좋아하고, 모습은 세속인이지만 마음은 승려와 같은데, 본디 지니고 있는 것을 이어받은 것인가, 보고 들어 훈습된 것으로 말미암아 그렇게 된 것인가? 사물이 변하여 늘 바뀌는 것을 관찰하고, 아침에는 활짝 피었다가 저녁에는 시들고 마는 것을 깨달아 밖으로는 어리석은 듯 멍하지만 안으로는 지혜를 품어 가지런하다. 재산을 모두 기울여 대장경 전체를 인쇄하니, 덕은 외롭지 않아서 가만히 앉아 있어도 와서 경하하는 이들이 있었다. 진실로 범상하지 않은 훌륭한 재능이며 몹시 드문 성대한 일을 행하였다. 부처님께서 말씀하시기를, "이 경전을 지니는 이는 여래가 보낸 이이고, 여래의 일을 행하는 이이다. 이는 5백 세가 지난 뒤에 이 가르침을 믿는 훌륭한 이들에게 가르침을 내리고 수기를 드러내 보이는 진실된 말이다."라고 하셨다. 오늘 공 한 사람만이 이 수기에 합당할 수 있다. 그러므로 시를 지어 찬미하고 영원토록 뒷사람들에게 보인다.

> 大抵人之常情。唯求目前之樂。未有身後之計。豈知百年之畜。將爲五家之爭奪。一期之捨。當享万世之尊榮乎。西原許君子。身居塵世而意翫淸虛。形是白衣而心同釋子。承固有之天而然歟。因見聞之熏而然歟。觀物變而時迁。悟朝榮而夕瘁。外如愚而慌慌。內懷智而條條。盡傾財而印就全藏。德不孤而坐致來賀。誠不凡之良才。而行希有之盛事也。佛之言曰。持此經者。爲如來遣。行如來事。此爲後五百歲。信此法之良人。而垂範懸記之誠語也。今公一人。可以當於此記。故爲詩以美之。以示來者於無窮。

이르는 곳마다 향기 날려 기운 저절로 향기롭고　　到處香飄氣自芬
산은 붉은 비단 치장하고 들에는 누런 구름 앉았네　　山粧紅錦野黃雲
가을바람 어찌 천 리를 불어오는가　　秋風千里來何以
부처님께 보답하려 일찍이 그대에게 시켰네　　爲報瞿曇曾使君

또 허 목천이 불살생계를 받으니 이에 『범망경』으로 시를 지어 격려함

又許木川。受不殺戒。因以梵¹⁾網。爲詩以勉之。

빛나는 형산의 옥 본래 티 없는데	瑛瑛荆玉本無瑕
오늘 이 비구를 만나 다시 갈고 다듬어졌네	今遇山僧更琢磨
닦고 닦아 더 닦을 것 없는 데에 이르면	若到鍊得無鍊處
밝은 빛 멀고 가까운 곳 모두 꿰뚫어 산하를 비추리	光通遐邇照山河

---

1) ㉑ '㷊'은 '梵'의 오자이다.

인동 수령에게 답함
答仁同守

 소식蘇軾과 황정견黃庭堅이 떠난 뒤로 사람이 없다 하였는데, 편지를 받고서 도로써 서로 들어맞음을 알게 되니, 대대로 사람이 없지 않음을 참으로 알았습니다. 도가 들어맞으면 하늘과 땅이 같은 곳에 있고, 나아가는 길이 다르면 눈앞의 것도 초나라와 월나라처럼 멀어집니다. 비록 제가 밝으신 읍재邑宰[85]와 얼굴을 맞대고 이야기한 적은 없지만, 도로써 서로 들어맞으니 오래도록 사귄 벗처럼 함께 노닐어 보기를 기다립니다. 영남 지방에 와서 머문 지 이미 해가 지났지만 도로써 이야기 나눌 만한 이가 한 명도 없었는데, 오늘 처음으로 당신의 편지를 받으니 참선의 즐거움과 깨달음의 기쁨에 더한 즐거움이 많습니다. 삼가 아름다운 운자를 따서 천리 밖에서 한번 웃으시게 하고자 합니다.

> 蘇黃去後。謂爲無人。得書知以道相契。信知代不乏人也。道契則霄壤共處。趣異則覿面楚越。某與明宰。雖未嘗承顏接論。以道相契故。一如舊交遊看待。來捿嶺南。已逾年矣。無有一箇以道通信者。今方始得華緘。添得禪悅法喜之樂多矣。謹次佳韵。以發千里一笑。

한 통의 아름다운 편지 구름에서 떨어져	一封華扎[1]落雲間
열어 펼쳐 보니 오랜 벗의 얼굴인 듯하네	開坼猶如舊日顏
때와 장소에 따라 이미 하나로 관통할 줄을 아니	時處已能知一貫
그대 일없이 스스로 편안하고 한가함이 많네	多君無事自安閑

---

1) ㉑ '扎'은 을본에 '札'로 되어 있다. ㉚ 번역은 을본에 따른다.

또
又

한 생각과 다섯 가지 요소 이해하였는가	一念五陰會也未
밝게 꿰뚫거든 노승도 보게 해 주시게	甄明更與老僧看
얄팍한 마음 잊고 이치에 계합하기는 참으로 어려우니	忘機契理誠難得
한 생각이라도 남아 있으면 험한 산에 막힌 것과 같네	一念猶存隔亂山

안 주부【수희】에게 줌
與安注簿【壽希】

기유년(1429년, 세종 11) 봄 3월에 화산華山 아래로 안 주부를 찾아갔다. 그는 집에서 조용히 나를 맞이하였는데, 그 집은 빛을 품어 밝게 빛나고 화로의 연기는 안개처럼 옆으로 푸르게 깔렸다. 더불어 이야기하면서 말미암는 바를 보고 편안히 여기는 바를 살피니, 부모를 사모하고 윗사람을 공경하는 마음이 또렷하여 잠시도 잊지를 못하였다. 이에 내가 그 깊은 충효의 마음에 감동하고 그 고상한 지조를 아름다이 여겨 그 당호堂號를 '청허淸虛'라고 붙이고, 그 자字를 '자적自適'이라고 지었으며, 시를 지어 찬미하였다. 시는 다음과 같다.

> 己酉春三月。訪安注簿於華山下。公從容接予於堂上。其堂含輝朗耀。爐烟靄然橫碧。與語而觀所由。察所安。慕親敬上之心。耿耿而不能斯須忘也。予於是感其忠孝之深。美其高尙之操。而扁其堂曰淸虛。稱其字曰自適。爲詩以讚之。詩曰。

일찍이 조상들이 선을 쌓아	祖家曾積善
오늘 그대에게 하늘의 상서로움이 있네	今子致天祥
직책을 받들어 충성스러움을 드러내고도	奉取[1]輸忠外
임금을 축복하는 향 화로에서 다시 태우네	爐焚祝聖香

---

1) ㉠ '戝'은 을본에 '職'으로 되어 있다.

최경손 등에게 보임
示崔敬孫等

입을 지키고 뜻을 거두어들이고 몸으로 범하지 말지니, 이처럼 행하면 곧 눈앞에 도가 나타날 것이다. 우바새[86] 최경손, 안수희 등이 전생의 인연을 이어 나를 스승으로 모셨다. 또한 이 인연으로 말미암아 내세에도 형체를 따르는 그림자처럼 내가 있는 곳에 따라와서 서로 책려하고 서로 갈고 닦아 깨닫고자 하는 마음에서 물러나지 않으며, 반야의 지혜가 이로써 언제나 밝아 위없는 바른 깨달음을 일찍 이루고 모든 중생들을 널리 건네주기를 바란다. 또한 이 과보로 받은 몸이 다한 뒤에는 곧바로 극락으로 가서 만 가지 덕을 지니고 자비로우신 존자를 몸소 뵙고, 깨달으리라는 묘한 수기를 몸소 받아 오래지 않아 바른 깨달음을 이루고 바라는 대로 중생들을 건네어 벗어나게 해 주기를 바란다.

守口攝意身莫犯。如是行者。疾得道現前。優婆塞崔敬孫安壽希等。承宿良緣。禮我爲師。亦因此因。願於來世。隨我所在。如影隨形。互相責勵。互相琢磨。菩提心而不退。般若智以恒明。早成無上正覺。廣度一切有情。亦願盡此報身。直往淨方。親見万德慈尊。親受菩提妙記。不久當成正覺。依願度脫衆生。

화산의 가을 해가 지는데	華山秋日莫[1)
옛적의 벗들을 다시 만났네	更會昔年朋
바라노니 그대들을 빌려	願借二三子
다함이 없는 등불 다시 피웠으면	再然無盡燈

---

1) ㉮ '莫'은 '暮'로 되어 있다.(갑본, 을본) ㉯ 번역은 을본에 따른다.

이적 선생의 아름다운 운을 따서 보잘것없는 마음을 뒤미처 폄【5수】
奉次李先生逖佳韻追伸鄙懷【五首】

품격이 용렬한 풍조에서 벗어나 있음
格出庸流

송곳 꽂을 만한 땅도 없이 남김없이 깨끗하니　　卓錐無地淨無餘
도 닦는 이의 맑고 가난함은 진실로 이러해야 하리　道者淸貧誠合如
선생이 가난 속에 즐기던 것 생각하니　　想得先生貧所樂
솔바람과 강에 비친 달로 집을 삼으셨네　　松風江月以爲廬

천년에 한 번 만남
千載一遇

옥호[87]에서 광채를 거둔 지 2천여 년인데[88]　　玉毫收彩二千餘
유유민[89]과 혜원 스님 떠난 뒤로 사람이 없는 듯하였네[90]　劉[1)]遠亡來盖闕
다행히 백련사의 종풍[91]을 옛날처럼 되살리니　　何幸白蓮風復古
오늘 그대 산 아래 집을 지으려 하네　　今君山下欲營廬

보는 것에 이것과 저것이 없음
見無彼此

지혜의 달을 가슴에 품고 홀로 나머지를 벗어나니　懷藏智月獨超餘

---

1) ㉮ '刘'는 을본에는 없다. ㉯ '刘'는 '劉'의 약자이다.

옳고 그름 따지는 일 전혀 알지 못하네   是是非非聰[1]不如[2]
허공을 잘라 둘로 만들려는 이들을 비웃나니   堪咲截虛成兩客
천지가 하나의 집임을 어찌 알리   爭知天地一渠廬

문장이 세상을 덮음
文章盖世

불족산 속의 한가한 세월   佛足山頭閑日月
은천강 가의 또 다른 세상   銀川江上別乾坤
붓끝에서 훌륭한 광채 더하니   筆端添得好光彩
남긴 글이 천년 넘게 전해지리   也應千載傳遺文

정신이 세상 밖으로 벗어남
神捿[3]世表

눈은 강서의 훌륭한 풍광을 마주하고   眼對江西好風月
가슴은 바닷가의 뛰어난 산천을 품었네   襟懷海岸勝山川
세간의 기름진 맛 물처럼 싱겁게 여기고   世間滋味淡如水
날마다 불경을 들고 한 편씩 읽네   日把金文讀一篇

---

1) 원 '聰'은 을본에 '摠'으로 되어 있다. 영 번역은 을본에 따른다.
2) 영 이 구절의 원문은 '是是非非聰不如'인데, 번역하면 "옳고 그름 따지는 것 어느 것도 그렇게 여기지 않았네."라는 뜻이 된다. 그런데 이런 경우 일반적으로 많이 쓰이는 표현이 '摠不知'이고, 전체적인 내용으로 보더라도 '如' 자보다는 '知' 자가 더 자연스럽기 때문에 '如'를 '知'의 오자로 보고 번역하였다.
3) 원 '捿'는 을본에 '棲'로 되어 있다.

신륵사에 노닒【2수】
遊神勒【二首】

[1]

뭇 산 멀리 둘러싸고 한 줄기 강물은 깊은데 衆山迢遞一江深
우거진 숲에 전각이 우뚝하네 殿閣崢嶸萬樹林
강월헌은 강 위에 뜬 달 아래 밝으니 江月軒明江月下
강월92의 옛적 마음 비로소 알았네 始知江月昔年心

[2]

산 아래 긴 강 흐르고 강가에 집 있는데 山下長江江上軒
그 집에 담긴 취미93 누가 전할 수 있으리 軒中趣味孰能傳
배회하다 어느새 봄날 저무니 徘徊不覺春陽晚
구름 깨끗하고 물결 맑은데 달빛 하늘 가득하네 雲淨波澄月滿天

나옹의 시자 야운 각우에게 줌
贈懶翁侍者覺牛號野雲

강월헌 앞에는 강 위에 뜬 달 하얗고	江月軒前江月白
야운당 위에는 들 덮은 구름 한가하네	野雲堂上野雲閑
구름 빛 달빛 함께 눈부신 곳에	雲光月色交輝處
허공을 품은 방 안에서 몸 절로 편안하네	一室含虛躰自安

총제 김 공의 운을 따서 승려들이 이름을 얻고자 부역함을 탄식하고 공이 몸을 잊고 선을 권함을 아름다이 여김

因次悤制金公韻。嘆僧爲名赴役。美公忘形勸善。

복전이 노비처럼 천민으로 바뀌니	福田翻賤屬輿儓
참된 바람 되살리려 해도 돌이킬 수 없네	欲復眞風不可回
다행스럽게도 현명한 청신사를 만나니	幸遇賢明淸信士
법을 넓힐 때가 다시 오리라 기약할 수 있네	可期弘法際還來

이 정승[귀령]이 베푼 은혜에 답함
荅李政承¹⁾【貴岭】所惠²⁾

종일토록 문 닫고 교유를 끊었는데	杜門終日絶交游
은혜의 물결 이곳으로 흐를 줄 어찌 알았으리	豈擬恩波向此流
천보산의 신령도 오히려 덕에 감동하리니	天寶山神猶感德
저인들 어찌 오래 사시기를 축원하지 않으리	小僧胡不祝千秋

---

1) ㉮ '承'은 을본에 '丞'으로 되어 있다. ㉯ 번역은 을본에 따른다.
2) ㉮ '惠' 아래 '三首'가 있다.(을본)

또
又[1]

세속의 인연 다 흩어 없애고 마음대로 노니는데 　　撒盡塵緣任意游
물과 하늘 넓게 트이고 세월은 꽃 속에 흐르네 　　水天空闊歲華流
그대는 우리 집안의 맛을 잘 알 터인데 　　多君料得吾家味
불볕더위 쏟아내니 곧 가을이네 　　寫出炎天便是秋

---

1) ㉮ '又'는 을본에는 없다. 다음도 같다.

또
又

한 조각 한가한 구름 만 리를 떠가고 　　一片閑雲萬里游
맑은 물은 어우러져 흐르지 않는 것이 없네 　　英英無水不和流
상공의 거취가 또한 이러하니 　　相公去就還如此
교외의 길 푸른 산에 봄 지나 다시 가을이네 　　紫陌靑山春復秋

부채를 찾아도 쓸데없음
求扇無益

내 어리석고 지혜 없음을 부끄러워하나니 愧我痴無智
괜히 사람만 왔다 갔다 바쁘게 하네 令人徃返忙
빈 집 굽은 나무 위에 虛堂曲木上
오래도록 앉아 있으니 조금 시원해지네 久坐生微凉

밤이 고요하니 계곡물 소리가 높음
夜靜溪聲高

밤 되니 온갖 움직임 멈추고	夜來群動息
물만 혼자 졸졸 흐르네	唯水獨潺湲
이에 생각하네 공자님께서	因憶孔夫子
물가에서 본 것 다른 이에게 보여 주시던 일[94]	示人川上觀

산에 비기어 지음
擬山作

달빛 아래 걷다 우러러보니 산은 우거지고　　步月仰看山矗矗
바람 쐬며 귀 기울이니 물소리 서늘하네　　乘風俯耳水冷冷
도 닦는 이 살아갈 계책은 이 같을 뿐이니　　道人活計只如此
어찌 구구하게 세속의 사정을 따르겠는가　　何用區區順世情

천보산의 집에서
天寶山居

텅 비고 밝은 빛 스스로 비추니 눈은 초롱초롱하고 虛明自照眼惺惺
사람이 조용하니 깊은 밤에 바람 소리만 들리네 人定風聲半夜鳴
마음과 대상 문득 사라져 세속의 일 고요하니 心境翛然塵事寂
그 속의 맛이란 말로 표현하기 어렵네 於中滋味說難形

희양산의 집에 비김
擬曦陽山居

산 깊고 나무 빽빽하니 깊이 들어앉아 살기 알맞고	山深木密合幽居
주위는 고요하고 사람 드무니 흥취가 넉넉하네	境靜人稀興有餘
그 안의 깨끗한 뜻과 맛 배불리 먹으니	飽得箇中淸意味
문득 몸과 세상을 잊어 저절로 느긋하네	頓忘身世自容與

돈해 상인에게 줌
與頓海[1]

돈해 상인은 승려 가운데 인물이다. 늙도록 강좌를 맡아 늘 『능엄경』, 『법화경』을 강론하였다. 속리산의 관음사에서 만나 시를 지어 주었다.
海上人。僧中之傑也。老於座主。而常講楞嚴法華。邂逅於俗離山之觀音寺。以詩贈之。

강론하는 자리에 앉은 지 이미 오래고	講席捿已久
참선하며 남긴 자취는 더욱 많네	禪林跡尤多
가부좌 틀고 앉아 『수능엄경』의 선정에 들어가고	跏趺首楞定
『묘법연화경』의 세계에서 노니네	游戲妙蓮華
손가락을 통해 일찍이 달을 보고는[95]	因指曾觀月
일찍이 머리 돌려 집으로 향했네[96]	回頭早向家
서로 만나 하루 내내 이야기해 보니	相逢盡日話
높은 덕 기리는 노래 마땅히 불러야 하겠네	應唱德嶠歌

---

1) ㉠ 저본에는 따로 구별이 없지만, 시의 일반적인 형식에 비추어 '돈해 상인에게 줌(與頓海)'을 제목으로 보고, 나머지 부분은 서문으로 보았다.

관음사를 떠나 속리산으로 가는데 삼화 휘선 노장 등이 골짜기의 삼봉 아래에서 송별연을 열어 주었다. 이에 시를 지어 주었다.
離觀音寺。發向俗離。三和老暉禪等。餞我於洞府三峯之下。因以詩贈之。

한 줄기 계곡물 흘러 삼봉을 휘감으니	一磎行處遶三峯
하얀 삼봉은 푸른 하늘 높이 우뚝 솟았네	白立崔嵬聳碧空
내 아노니 그대들 이곳에 와서 송별연 베풂은	知子於焉來餞我
물 따라 내 다시 동쪽으로 돌아오길 바라는 것이리	望予隨水却來東

관음사의 연화승 해신이 간곡하게 머물기를 청하다가 그럴 수 없게 되자 갈림길에서 울며 배웅하기에 시를 지어 주었다.
觀音寺緣化海信者。請留款款而不得。臨歧泣送。以詩贈之。[1]

삼봉 늘어선 자리에 떠나는 얼굴 보내며	三峯列處送征顔
한 줄기 계곡물에 이별의 눈물 더하네	一帶磎流添別淚
산의 정령에게 이 눈물 다 거두어들이라고 말하더라도	寄語山精收此泪[2]
맑은 마음에서 저절로 흐르는 눈물 이생에는 끝나기 어려우리	淸心虛液世難際

---

1) 원 '之' 아래 '二首'가 있다.(을본)
2) 원 '泪'는 을본에 '淚'로 되어 있다. 다음도 같다.

또
又[1]

갈림길에서 소매를 붙잡고 눈물 흘리니	臨歧携袖泪潸[2]然
법을 위하는 이라면 어찌 좋아하는 대상에 사로잡히겠는가	爲法何曾滯愛緣
계곡물이 재촉하여 나를 보내는 것을 한탄하지 말지니	莫恨磎流催送我
외로운 구름은 누구도 잡아 끌 수 없네	孤雲無物得拘牽

---

1) 옮 '又'는 을본에는 없다. 다음도 같다.
2) 옮 '潸'은 을본에 '潛'으로 되어 있다. 옂 저본과 을본의 글자 모두 '潸'의 오자로 보인다.

속리동 수정교 판상의 운을 따서 지음
次俗離洞水晶橋板上韻

삼청동 골짜기 깊고 깊어 아득한데	三淸洞府九重遙
휘둘러 흐르는 계곡물에 다리가 여덟이네	一帶溪流八處橋
다리 아래 맑은 물엔 붉은 빛깔 푸른 빛깔 다투는데	橋下水明紅鬪碧
빙 두른 산의 단풍잎은 소나무 가지에 기대고 있네	四山楓葉倚松梢

공림사에 노닒
遊空林寺

산 오르고 물가에 노닐기 벌써 세 해인데
이곳에 와서 만족스레 뛰어난 유람 기록하네
계곡은 빨리 가라 하고 산은 머물라 하는데
계곡물 넘쳐 유유히 보내네

登山傍水已三秋
到此逌[1]然記勝遊
磎欲催行山欲止
磎流贏得送悠悠

---

1) ㉤ '逌'는 을본에 '由'로 되어 있다.

용화 노장에게 줌
贈龍華老

그저 뜬구름처럼 백 년을 살아도 크게 별일 없는데	虛浮百歲大無端
무슨 일로 사람들은 하루도 한가한 날 없는가	何事人無一日閑
귀중하신 우리 스님 그윽한 곳에 홀로 있기 좋아하여	珎重吾師愛幽獨
해가 다 가도록 끝내 푸른 산에서 내려오지 않네	經年終不下靑山

길에서 선재동자를 생각함
途中憶善財

매인 곳 없고 얽힌 곳 없어 몹시 한가한 몸	無拘無繫大閑身
이른 곳마다 계곡과 산은 새롭고 또 새롭네	到處溪山新又新
이 모두 세상의 한가한 세월인데	渾是百城閑日月
사람은 옛사람만 못하니 그저 부끄럽네	但慚人未昔年人

서원 부흥사에 노닒
遊西原復興寺

강월이 그 당시 이 산에 머물렀는데	江月當年住此山
높은 발자취 오늘도 여전히 뚜렷하네	高蹤今日尙斑[1]桓
무의는 괜히 무의라는 이름 받아	無疑空受無疑號
코끼리 타고 겨우 임하시더니 가서는 돌아오지 않네	象駕才臨去不還

---

1) 웬 '斑'은 을본에 '盤'으로 되어 있다.

염주를 굴리며 읊음
弄數珠吟

마니 보배 맑고 깨끗하여 극히 영롱한데	摩尼淸淨極玲瓏
방향에 따라 빛깔 드러내어 같고 다름을 떠났네	現色隨方絶異同
분소의 더미[97]에서 얻었는데	糞掃堆頭收得出
푸짐하게 보배를 뿌려 끝이 없네	穰穰雨寶雨無窮

선·준 두 사미에게 보임
示仙俊二沙彌

스승과 제자로 만났으니 인연이 없지 않다	師資會合不無緣
절대 머뭇거리지 말고 힘차게 앞으로 나아가라	切莫迍邅快向前
저녁까지 삼가고 아침 일찍 물어 심요를 터득하고	夕惕[1]朝詢決心要
등불 밝히고 불꽃 이어 만년을 전하라	然燈續焰萬年傳

---

1) ㉡ 원문은 '방탕하다', '빠르다'라는 뜻의 '逷'이지만 문맥으로 볼 때 알맞지 않다. 이에 '근심하다', '삼가다'라는 뜻의 '惕'의 오자로 보고, 그 뜻은 『주역』「건괘乾卦」'구삼효九三爻'의 "군자는 종일토록 근신하고, 저녁이 될 때까지 삼간다.(君子終日乾乾. 夕惕若.)"라는 말과 같은 뜻으로 보았다.

일로 말미암은 감흥
因事有感

산은 평평하게 만들 수 있고 바다는 메울 수 있지만 　山可令夷海可塡
사람의 마음은 완전히 욕심 없게 하기 어렵네 　　人心難盡使恬然
가시나무나 복숭아꽃이나 생긴 대로 맡겨 두면 　　任它¹⁾荊棘桃花態
눈앞에 조그만 티끌도 생기지 않네 　　　　　　　未有纖塵在眼前

---

1) ㉔ '它'는 을본에 '他'로 되어 있다.

청헌자를 배웅하느라 모르는 새 양계를 건넘
因別晴軒子不覺過羊溪[1]

그대 흐르는 물 따라 산을 나서고	君隨流水出山去
나는 둥지 찾는 저녁 새 좇아 돌아오네	我逐尋巢莫[2]鳥還
이에 백련사에서 셋이 웃던 모습 생각하고	因憶白蓮三笑態
어슬렁거리며 스스로 만족하니 한 몸 한가하네	彷徨自足一身閑

---

1) ㉠ '溪' 아래 '三首'가 있다.(을본)
2) ㉠ '莫'은 '暮'의 고자古字이다.

또
又

한 줄기 긴 피리 소리 맴도는 곳 　　　一聲長笛徘徊處
산 아래 계곡 가 손님 배웅할 때 　　　山下溪过¹⁾送客時
가고 머무는 자취 다르다 말하지 말게 　　莫謂去留蹤自異
계곡과 산 구름과 달의 말 모름지기 알아야 하리 　溪山雲月語須知

---

1) ㉠ '边'는 '边'의 오자로 보았다.

또
又

세상 일 하나로 쓸어 보기 어려운데	世[1]事難將一槩看
구름은 동굴에서 나오고 새는 돌아올 줄 아네	雲能出岫鳥知還
그렇지만 유교와 불교 본디 같은 곡조인데	雖然儒釋元同調
바쁜 이는 스스로 바쁘고 한가한 이는 스스로 한가하네	忙自忙兮閑自閑

---

1) ㉋ '世'는 을본에는 '一'로 되어 있다.

소나무 껍질 밥
松皮飯[1]

구름 잡고 돌에 서리어 푸른 산에서 늙어 가며	拏雲踞石老靑山
모든 것들 다 졌어도 홀로 추위를 견디네	物盡飄零獨耐寒
그 몸 부수어 세상의 맛과 어우러질 줄 알아서	知爾碎形和世味
사람들이 맛보고 맑고 담백함을 배우게 하네	使人緣味學淸寒

---

1) ㉡ '飯' 아래 '二首'가 있다.(을본)

또
又

진나라 때 일찍이 대부의 관직을 얻어서	秦時曾得大夫官
푸른 잎에 빛을 더해 진나라의 산을 비추었네	翠盖添光映秦山
이로부터 추운 겨울에도 푸르다는 뜻을 모두 잊고	從此渾忘歲寒志
몸을 갈아 세상의 맛과 어우러져 사람 세상에 떨어졌네	粉身和味落人間

부채
扇子[1)]

예전에는 환인과 함께 콧구멍을 쌓더니 　　昔與桓因築鼻孔
오늘은 나와 함께 허공 치는 것을 이해하네 　　今伴山僧解打空
가며 치고 오며 치니 허공 절로 탄식하고 　　打去打來空自噫
한 번 불어 집 안 가득 바람을 일으키네 　　一噓噓出滿堂風

---

1) ㉠ '子' 아래 '二首'가 있다.(을본)

또
又

옥같이 하얀 뼈대 검은 겉모습에 물에 비친 달처럼 동그란 얼굴　玉骨烏形水月容

사람 손으로 형체가 만들어졌는데 그 몸에 허공을 품었네　因人成體體含空

본래 그림자 가운데 그림자임을 알지만　也知元是影中影

얼굴 가득 바람 일으키니 우선 기뻐하네　且喜能生滿面風

운을 따다 지어 양근 수령 이[종직]에게 줌
次韻贈楊根守李【從直】

운악산은 오래 남겠지만	雲岳可長保
이 미미한 곳에 누가 올까	誰能向此微
차가운 샘물은 돌 파인 곳에서 솟아나고	泉寒生石眼
주위는 고요하여 이끼 옷을 덮었네	境靜鎖[1]苔衣
밤에는 전각에 올라 달을 맞이하고	夜閣登邀月
새벽에는 창가에 앉아 새벽빛을 마주하네	晨窓坐對暉
요즘 사람들 불러도 오려 하지 않는데	時人喚不就
그대는 이를 몹시 사랑하여 돌아가길 잊었네	多子愛忘歸

---

1) ㉮ '鎖'은 을본에 '鎭'으로 되어 있다.

운을 따다 지어 청헌자에게 줌
次韵贈晴軒

나뭇잎 지니 가을이 왔음을 알고	葉落知秋至
허공의 달 탐내어 바라보네	貪看空桂輪
다시 오늘 한번 은혜를 베푸니	更於今一惠
은근한 향내 온 누리에 퍼지네	暗香動利塵

또 산속의 아름다운 멋 혼자 누리는 것을 부끄러워함
又山中佳趣獨享爲愧

솔바람 모든 골짜기에서 일고	松風生萬壑
봉우리 위에는 외로운 달 홀로 떴네	峯戴月孤輪
누가 산속의 이 멋을 알고서	誰味山中趣
세상 티끌 멀리 떠나겠는가	長辭世上塵

또 수박을 줌
又以西瓜贈之

맛은 달고 살갗은 얼음이나 눈인 듯	味蜜肌氷雪
생김새는 달처럼 동그랗네	形圓似月輪
이로써 찌는 더위 식힐 수 있으니	可將消酷熱
애오라지 이를 주어 세속을 맑게 하리	聊以寄淸塵

월강 경과 급암 도 두 존숙은 모두 나의 문중 형들인데 서로 헤어진 지 여러 해가 되었다. 무신년(1428년, 세종 10) 중추 8월에 왕방산 낙도암에서 만나 새벽까지 회포를 풀었다. 이에 이를 준다.
月江鏡及菴道二尊宿。皆我門兄也。相別有年矣。戊申秋八月。會于王方山樂道庵。論懷達旦。因以贈之。

8월의 하늘 아래 구름 속에 노니니	跋涉雲遊八月天
지나온 곳 모두 아름다운 산천이네	所經徒是好山川
왕방산 한 방에서 회포를 푸는 자리	王方一室論懷處
무쇠 향로에 향은 다 타고 산머리에 해가 뜨네	香盡金爐日上巔

이 상국【귀령】에게 줌
贈李相國【貴㱓】

한번 베풂을 받고서 불교를 돈독하게 믿는 줄 알았으니	一惠深知信佛敦
그대의 선량한 덕은 천지를 감동시키네	感君良德動乾坤
바야흐로 오늘날 공 같은 이가 또 있을까	方今更有如公未
세상을 다해도 견줄 사람 없으리	盡世無人可比論

안양사에 부침
題安養寺[1]

객지에서 병이 생겨 이 절에 와서 누우니 산의 모습은 내 눈을 씻어 주고 솔바람 소리는 내 귀를 맑게 한다. 침상에 달빛 비치는 아담한 집에서 이리저리 어슬렁거리며 느긋하게 잊고 지냈다. 이에 한 구절을 읊어 마음에 품은 생각을 편다.
    客裏疾作。來臥此寺。山容洗我目。松籟淸我耳。月榻風軒。徜徉忘倦。於是偶吟一絶。以攄所懷。

산들이 에워싸고 골짜기는 깊은데 하늘은 오히려 툭 트였네	山圍谷密天還闊
땅이 외지니 사람은 드물고 사물들 스스로 한가하네	地僻人稀物自閑
8월의 시원한 바람 길손의 갈 길을 재촉하는데	八月涼風催客路
억지로 쇠한 몸을 이끌어 단풍 사이에 누워 있네	强將衰質臥楓間

---

1) ㉠ 을본에는 '題安養寺'가 제목으로 되어 있고, '客裏……所懷'는 병서幷序로 되어 있다. ㉡ 번역은 을본에 따른다.

한 상국에게 주는 시【서문도 함께 붙임】
贈韓相國詩【幷序】

쌍곡雙谷은 성 동쪽에 있는데 경치가 뛰어나다. 산은 빙 둘러 있고 물은 돌아 흐르며 땅은 기름지고 샘물은 달콤하니 군자가 거처할 만한 땅이다. 대인이 관직을 그만두면서 이곳에 살 곳을 정하고 물러나 늙어 가니 기미를 안다 할 만하다. 그의 일상을 살펴보면 오직 불교 경전 속의 성현들을 모시고 옛날과 오늘을 드나들고 진리의 바다에 여유로이 노니니, 세속의 무리를 벗어난 그의 높은 경지에 감동하여 시를 지어 찬미한다.

雙谷在城東爲勝地。山回水轉。土肥泉甘。而君子可居之地也。大人休官罷敢。[1] 卜此退老。可謂知幾矣。觀其日用。獨陪黃卷聖賢。出入古今。優游法海。感其高標。絶世超群。爲詩以美之。

넘치고 넘치는 사람들 모두 이름의 고삐에 매여 있는데	滔滔人盡落名韁
경은 홀로 기미를 알고 이곳에 숨었네	卿獨知幾向此藏
고요한 산속 집에 무엇이 있을까	寂寞山堂何所有
책상 위의 불경과 향로 속의 향일세	一床黃卷一爐香

---

1) 한 '敢'은 을본에 '職'으로 되어 있다.

머리 깎을 때의 게송
落髮偈云[1]

보광전의 주인[98]이 일찍이 꿈에 빠져 　　普光殿主曾作夢
무명의 풀 우거지기 몇 년이던가 　　　　無明草茂幾多年
오늘 금강 칼날 아래 잘려 나가니 　　　　今向金剛鋒下落
한없는 밝은 빛 온 누리를 비추네 　　　　無限光明照大千

---

1) ㉑ '云'은 을본에는 없다.

임진강의 배 위에서 읊음
臨津舡上吟

비단 같은 산 누런 들판 푸른 강물의 가을	錦山黃野碧江秋
만 갈래로 이는 물결 위에 떠 있는 외로운 배	萬頃波頭一葉舟
한없이 많은 기이한 경치 거울 속에 비친 것 같아서	無限奇觀同鏡裏
외로운 돛의 그림자 물에 비친 누각에 닿네	孤帆影接水中樓

8월에 부소산에서 노닒
八月遊扶蘇山

가고 가다 고갯마루에서 문득 고개 들어 보니	行行到嶺忽擡頭
눈에 가득한 가을 산은 온통 비단을 둘렀네	滿目秋山錦一區
금 타는 곁에 종자기 같은 벗[99] 없다면	琴畔若無子期友
기이한 경치도 발걸음 망설이게 하기 어려우리	奇觀難使得踟躕

승천포의 배 위에서 읊음
乘天浦舡上吟

산들바람에 바다는 넓어 물결은 잔잔하고   風微海闊水溶溶
서쪽 봉우리에 해 지니 동쪽에서 달 떠오네   日落西峯月上東
외로운 배 위에 감회는 끝없는데   一葉扁舟無限意
흰 구름 만 리 먼 바다 위에 뻗어 있네   白雲万里滄茫中

부소산에 올라 송도를 바라봄
登扶蘇望松都

눈에 가득한 수많은 집들　　　　　　滿目千門與萬戶
집집마다 모두 주인이 있네　　　　　家家共有主人公
주인 떠나면 응당 집도 무너지겠지만　主人去後家應壞
푸른 산만 그대로 푸른 하늘에 솟아 있겠지　依舊靑山聳碧空

정륜에게 보임
示正倫

허리를 곧추세우는 것만 힘쓸 일이고 堅起脊梁是所務
나머지는 마음에 둘 것 없다 更無餘事可關情
가고 가다 보면 고향에 돌아갈 날 반드시 있으리니 行行必有歸鄉日
등 문지르며 은혜 갚던 고령 선사 본받으라[100] 揩背酬恩效古靈

굴원을 읊음
賦屈原

멱라수 천년에 가을바람 불고 날은 저무니　　汨羅千載秋風晚
많은 시인들 느끼는 바 있네　　多少騷人有感情
그대의 그때 일을 안쓰러워함이 아니라　　不是憐渠當日事
고상한 뜻 끝내 이루지 못함을 안쓰러워할 뿐이네　　祇憐遐趣竟無成

오자서를 읊음
賦五[1]子胥

오강 물결 위에 떠도는 이에게 말하노니	寄語吳江潮上客
마음 넓게 열고 오래 사는 법 왜 배우지 않았는가	寬懷何不學長生
깊은 원한 동문 밖에서 풀렸으니	幽怨解向東門外
양자강 물결 다시 잔잔하게 하기를	還使長江浪復平

---

1) ㉠ '五'는 을본에 '伍'로 되어 있다. ㉡ 번역은 을본에 따른다.

범려를 읊음
賦范蠡[1]

공 세워 나라님 도운 사람 세상에 많지만　　　　樹功輔國世多得
기미를 알기로는 월나라 장군[101] 닮기 어렵네　　知幾難使[2]越將軍
한번 돛을 올려 푸른 하늘 밖으로 날래게 사라지니　一帆飛去碧天外
높은 이름 천년에 남아 천지에 울리네　　　　　　高名千載動乾坤

---

1) ㉑ '蠡' 아래 '二首'가 있다.(을본)
2) ㉑ '使'는 을본에 '似'로 되어 있다. ㉡ 번역은 을본에 따른다.

또
又[1)]

가을 푸른 강물에 외로운 돛 한번 올리니 　　孤帆一發碧江秋
천년 동안 높은 자취에 찬탄 그치지 않았네 　　千古高蹤歎未休
그저 우리 집안의 세속 밖의 맛을 알았다면 　　但得吾家塵外味
온 누리 두루 부는 맑은 바람 다시 있었을 것을 　更有淸風遍寰區

---

1) ㉮ '又'는 을본에는 없다. 다음도 같다.

무산을 읊음
賦巫山

무산의 요조숙녀에게 말하노니	寄語巫山窈窕女
집집마다 어찌 초나라 왕궁 같겠는가	家家何似楚王宮
구름 부르고 비 내리는 일 삼매에서 나오니	爲雲爲雨從三昧
선승의 10년 공력 빼앗기는 어려우리	難奪禪僧十載功

마음속에 품은 생각을 읊음
詠懷[1]

천년 동안 가시나무 숲을 지나며	千載經行荊棘林
전전긍긍하며 날마다 새로워져 침범당하지 않았네	戰兢日新得無侵
물러나와 안개 속에 높이 누우면	退來高臥烟霞裏
마음에 걸리는 속세의 일 하나도 없으리라	未有塵緣掛我心

---

1) 웹 '懷' 아래 '二首'가 있다.(을본)

또
又

오르락내리락하는 이들 평소 많이 보았는데　　平生眼底多升降
어찌 헛된 이름 때문에 한 몸 망치겠는가　　幾爲閑名誤一身
하늘 끝 먼 산봉우리 나를 기다릴 터이니　　天末遙岑應待我
솔바람과 이끼에 비친 달에 정신 맑아지리라　松風蘿月爽精神

선방의 선승들에게 보임
示堂中禪者

한 집에서 발우 펼치는 이 모두 선객인데	一堂展鉢盡禪客
밥만 축내면서 숫자만 채우는 이 몇인 줄 아는가	尸祿吹竽[1]知幾人
사람마다 얻은 것 보이라 하면	若使人人呈所得
남곽 처사처럼 몰래 몸을 빼낼 이 어찌 없겠는가	豈無南郭隱抽身

---

1) ㉠ '吹竽'은 '吹竽'의 오자로 보고 번역하였다. '취우'는 남곽 처사가 피리 부는 사람 3백 명을 채울 때에는 피리를 불 줄 안다고 해서 들어갔다가 한 사람씩 솜씨를 보일 때가 되자 도망갔다는 고사에서 나온 말로 실력이나 솜씨도 없으면서 숫자나 채우는 경우를 말한다.

소정·직숙 두 대인이 희양산을 방문하고 불교를 떠받치라는 말씀 더하여 내려 주시니 이에 기뻐하며 시를 올려 한바탕 웃음 짓게 하였다.

紹丁直叔兩大人。垂訪曦陽。更賜以扶宗之語。遂得歡喜。贈之以詩。以發一笑。[1)]

흰 눈 내려 흐릿하니 오고 감이 끊겼는데	白雪糢糊絶去來
단지 회나무에서 봄이 돌아옴을 보네	只於檜上見春回
이에 마음 기쁘게 하는 벗을 다시 만나니	於焉更遇懽心友
자기도 모르게 말을 하며 얼굴 가득 웃음 이네	不覺談餘笑臉開

---

1) ㉑ '笑' 아래 '三首'가 있다.(을본)

또
又

육조 대사 보림사에서 건당하시던 그때　　　　　六祖當年建寶林
일찍이 숙량이 마음 잘 아는 벗이 되었네　　　　叔良曾作好知音
내 비록 조계 노인에 미치지 못하나　　　　　　　吾雖未及曹溪老
그대 마음 옛 선비 마음과 같음을 기뻐하네　　　喜子心同昔士心

또
又

수닷타 장자 금을 내어 절을 지어서　　　　須達捐金搆精舍
오래도록 높은 풍모 우러르게 하였네　　　　令人千古仰高風
그때의 일을 지금 이야기하듯　　　　　　　　如今祖述當年事
뒷날 지금을 보면 이날 또한 그 같으리　　　後日看今此日同

소나무 있는 집
松堂

석 달 겨울 눈 속에 홀로 울창하게 푸르니	森森獨翠三冬雪
집 안의 주인 마음 더욱 깨끗하네	堂上主人心愈潔
고요한 가운데 맑고 느긋한 향내 화로에서 풍기고	闃寂淸閑香一爐
추위 견디는 가지 위로 밝은 달을 맞이하네	耐寒枝上邀明月

고향에 돌아감
歸鄕

서른 해 동안 승복만 입고 살면서　　　　　三十年來一衲衣
원숭이 짝하고 학과 이웃하며 사립문 닫았네　伴猿隣鶴掩柴扉
지금 고향 집 가는 길 밟으니　　　　　　　如今却踏家鄕路
옛 현인들이 돌아가지 않았던 일[102]에 부끄럽네　慚愧前賢三不歸

소정을 찾아갔으나 만나지 못함
訪¹⁾紹丁不遇

참구한 것 징험하려	爲驗所參
멀리서 찾아왔으나	自遠來玆
빙 둘러 산만 에워싸고	只有四山
하늘엔 가을빛만 가득하네	秋色浮空

---

1) ㉔ '訪'은 을본에 '謗'으로 되어 있다.

〈소나무 있는 집〉의 운을 땀
次松堂韻[1]

분수에 맞는 안개 달게 여겨 봉우리 내려가지 않고　　甘分烟霞不下峯
차가운 골짜기 냇물과 푸른 소나무 어여삐 여기네　　爲憐寒磵與靑松
괴롭구나 세상의 이름 탐내는 길손들　　苦芥世上貪名客
임금께서 날 받아들이지 않을까 날마다 걱정하네　　日恐君王莫我容

---

1) ㉮ 을본에는 '次松堂韻'부터 '題懸燈寺'까지(하단 5행) 3편 5수(155자)가 없다.

又

서리와 눈 자못 겪고 외로운 봉우리 위에 우뚝 서며	頗經霜雪秀孤峰
뿌리에 복령 얽혀야 소나무라 할 만하네	根結茯苓可號松
지금 이 산의 소나무는 이런 묘함 없으니	今此山松無此妙
뒷날 임금께 바쳐도 받아들여지기 어려우리	獻君他日也難宍[1]

---

1) ㉈ '宍'는 갑본에 '容'으로 되어 있다. ㉇ 번역은 갑본에 따른다.

오른쪽 인북루에 부침
題右人北樓

지팡이 하나 짚고 찾아온 8월의 어느 날	一錫來遊八月天
지팡이에 부는 바람 비치는 달 모두 쓸쓸하였네	杖頭風月共蕭然
가을밤 소정[103]의 누각에서	紹丁秋夜高樓上
나무 아래 참선하시던 스승님 돌이켜 생각하네	飜憶吾師樹下禪

또
又

3년 만에 신선이 사는 집에 이르니　　　　　三春遊到一仙宮
정원 가득한 복숭아 자두 나무 사이에서 맞이하네　接向滿園桃李中
그 가운데 갈대 하나 두 나무 사이에서 빛나고　中映一葦雙樹間
부신[104] 아래로 나아가니 맑은 바람 이네　　進乎符下起淸風

현등사에 부침
題懸燈寺

현등산이 띠고 있는 현등사	懸燈山帶懸燈寺
떨어지는 돌 소리 솟구치는 샘물 소리 위아래에 울리네	落石飛泉上下聲
천길만길 깊은 곳에서 나왔으니	出自千尋與万丈
푸른 바다에 이르기 전에는 멈추지 않으리	滄溟未到不曾停

봄날의 감흥
春日有感

어찌하면 봄바람처럼	安得似春¹⁾風
모두가 기쁘하게 할 수 있을까	能令箇箇歡
이 바람 이룰 수만 있다면	若能成此願
교화의 방법은 상관하지 않겠네	化道不相關

---

1) ㉮ '春'은 을본에 '風'으로 되어 있다.

헤어지며 이적에게 줌
贈別李逖

산 그림자 적신 강물 가을 하늘 아래 출렁이는데　　江涵山影漾秋空
그대는 강 서쪽으로 나는 동쪽으로 향하네　　　　　君向江西我向東
여기 이 순간의 한없는 뜻　　　　　　　　　　　　此境此時無限意
흰 구름 속에서 서로 만나 이야기하세　　　　　　　相逢相話白雲中

맑은 밤에 읊음
清夜吟

산 깊고 물 조용하니 빈 골짜기에서 바람 소리 일고	山深水密生虛籟
달 밝고 바람 살랑거리니 밤기운 서늘하네	月皎風微夜氣凉
그저 안타까운 것은 지금 사람들 밤 꿈에 젖어	却限[1]時人昏[2]入夢
맑은 밤의 흥취 얼마나 좋은지 알지 못하는 것이네	不知淸夜興何長

---

1) ㉠ '限'은 을본에 '恨'으로 되어 있다. ㉡ 번역은 을본에 따른다.
2) ㉠ '昏'은 을본에 '昏'으로 되어 있다.

현등사에 머물면서 삶거나 굽지 않는 것을 통해 보조의 맑은 가풍을 느낌

住懸燈。因不煮炙。感普照淸風。[1]

숲 뚫고 돌에 부딪치며 흐르는 물소리	穿林激石潺湲嚁[2]
달 싣고 하늘 떠받치며 우뚝 솟은 산의 모습	載月撑天峽屼容
그 안의 현등사 천년이나 오랜 절	裏有懸燈千古殺[3]
보조 스님 옛 자취 아직도 서려 있네	依俙普照昔年蹤

---

1) ㉮ '風' 아래 '四首'가 있다.(을본)
2) ㉯ '嚁'은 '響'의 오자로 보고 번역하였다.
3) ㉯ '殺'은 '刹'의 오자로 보고 번역하였다.

또
又[1)]

계곡 물소리 산 빛깔 모두 매우 빼어나고   溪聲岳色兩奇絶
아침저녁 맑은 연기 흰 구름 물들이네   旦暮淸烟染白雲
보조 스님 맑은 가풍 예부터 전해 오니   普照淸風傳自古
아직도 부엌에는 고기나 생선이나 냄새 나는 채소 없네[105]   至今厨絶赤鹽君

---

1) ㉔ '又'는 을본에는 없다. 다음도 같다.

또
又

산 그림자 속에 우뚝하니 탑 서 있고	塔立亭亭山影裏
물소리 속에 종소리 웅혼하게 울리네	鍾搖落落水聲中
때때로 산책하다 천천히 머리 돌려	有時散策閑回首
그 당시 보조 스님의 가풍 자주자주 생각하네	頻憶當年普照風

또
又

깊은 골짜기 울리는 물소리 조용히 듣다가 　　靜聽溪流響幽谷
돌아보니 밝은 달 서쪽 봉우리에 걸렸네 　　回看明月掛西峯
이 가운데 한없이 좋은 소식 있으나 　　時中無限好消息
마음 통할 이 곁에 없음이 한스러울 뿐이네 　　却恨傍無可與通

이 상공의 연못과 정자에 부침
題李相公池亭

복사꽃 붉고 오얏꽃 하얗고 버드나무 푸르르고   桃紅李白柳靑靑
빙 둘러 연못인데 한쪽으로 길이 났네   四面池塘一面程
그 안에 작은 언덕 있어 맑고 사랑스러운데   中有小原淸可愛
그대 훌륭하게 이곳을 골라 높은 정취 기르네   多君卜此養高情

현등산을 떠나오는 길에 그저 읊음
辭懸燈山途中偶吟

이제 막 현등산 내려오는 길에서	立馬懸燈山下路
머리 돌려 바라보다 앞길 나아가기를 잊었네	廻頭忘却赴前程
산은 사납게 길손 떠나보내고 골짜기 물살은 급하니	山嗔送客溪流急
옛적 반공의 마음 이제야 알겠네[106]	始信潘公昔日情

시대를 탄식함
嘆時

정신 없는 사람 많고	惚恫人多少
어리석은 사람 끝없네	顚蒙數莫窮
내 반드시 바른 지혜 이루어	我須成徧智
뭇 귀머거리 한꺼번에 깨우쳐 주리	一擧覺群聾

상국 이적이 금강산에 놀러 갔다 돌아오니 이 시를 써서 줌
李相國迹。遊金剛山還。書此寄贈。

높고 높은 풍악산 오랜 세월 겪었는데	楓嶽嵬嵬[1]經万古
해마다 보고 간 이 몇 천이나 될까	年年觀者幾千千
산신령은 분명 그대 보고 반드시 웃음 지었으리	山靈見子應開臉
쓸쓸하게도 오래도록 현명한 이 못 만났으니	萬古寥寥未遇賢

---

1) ㉔ '嵬嵬'는 을본에 '巍巍'로 되어 있다.

목은의 시를 보고 지음
看牧隱詩有作

세상에 태어나서	旣然生宇內
같이 노닐 만한 것은 무엇인가	何者合同遊
간명하고 쉬운 것은 하늘땅을 본받고	易簡法天地
맑고 온화한 것은 『춘추』에서 배우네	淸和學春秋
허유는 깔끔한 데로만 치우치고	許由偏洒落
여망은 부드럽기만 했는데	呂望一優柔[1]
나는 두 사람의 손을 잡고	我執二人手
마음대로 떠나고 머물고 하리	從容任去留

---

1) 한 '柔'는 을본에 '遊'로 되어 있다.

세상 밖의 높은 자취
物外高蹤

소쿠리 밥 한 바가지 물로 누항에 사는 것은 서생의 취향   簞瓢[1]陋巷書生趣
  누더기에 등나무 지팡이는 승려의 몸가짐   糞掃烏藤衲子儀
  기억하여 취할 만한 것이 이 밖에 또 무엇이 있나   更有何緣堪記取
  봄바람 가을 달로 그저 만족할 뿐   春風秋月但揚眉

---

1) ㉿ '瓢'는 을본에 '瓢'로 되어 있다. 다음도 같다.

장자와 노자를 찬탄함
莊老贊

공자의 팔베개 안회의 표주박 다 같이 즐거움이 있고	孔枕顔瓢同有樂
요임금 전하고 순임금 받으니 함께 마음을 전했네	堯傳舜受共傳心
장자와 노자를 취할 만하지 않다 말하지 말게	莫言莊老無堪取
담담하고 맑고 빈 기풍 예나 지금이나 덮고 있나니	恬湛淸虛盖古今

강 위에서
江上

강 위에 소리 들려오니 누가 부는 피리인가
달빛은 물결 속을 비추고 사람 자취 끊겼네
이 몸 지금 여기 이르니 얼마나 다행인가
외로이 배에 기대앉아 빈 하늘만 바라보네

聲來江上誰家笛
月照波心人絶迹[1]
何幸此身今到此
倚舡孤坐望虛碧

---

1) ㉮ '迹'은 을본에 '跡'으로 되어 있다. 다음도 같다.

가을날 마음에 품은 생각을 적음
秋日書懷

하늘 높고 구름 옅고 날씨 조금 서늘한데 　　　天高雲淡氣微凉
달은 하얗고 바람 맑으니 그 맛 절로 뛰어나네 　月白風淸味自長
먼 옛날 도연명의 세 갈래 길[107] 취향 생각하며 　遙憶淵明三逕趣
활짝 핀 국화 속에 누워 향기를 맡네 　　　　　菊花叢裏臥聞香

빗속에서
雨中

어여쁜 옥 이파리[108] 산속 집을 지나가니 　　英英玉葉過山堂
나무는 절로 가지를 떨고 새는 절로 바쁘네 　　樹自鳴條鳥自忙
눈 뜨니 쏟아지는 빗줄기 눈앞에 흐릿한데 　　開眼濛濛橫雨脚
향 피우고 단정히 앉아 하늘만 바라보네 　　焚香端坐望蒼蒼

길에서 지음
途中作

구룡산 아래 한 줄기 뻗은 길   九龍山下一條路
끝없는 봄볕 눈앞에 눈부시네   無限春光煥目前
붉은 꽃 흰 꽃 산 그림자 속에 피니   紅白花開山影裏
가다가다 땅을 보고 다시 하늘을 보네   行行觀地復觀天

우봉 읍재를 찾아감
訪牛峯邑宰

봄바람 속 천 리 길에 우봉을 찾아가니 　　　春風千里訪牛峰
버들은 푸르고 꽃은 붉어 하늘 가득 빛나네 　　柳綠花紅映滿空
한 방에서 등 밝히고 이야기하는 곳에 　　　　一室明燈投話處
꿈속 같은 영욕은 예나 지금이나 다름없네 　　邯鄲榮辱古今同

지 소윤에게 줌
贈池少尹

한 해 삼백예순 날					一年三百六十日
게으르지 말고 날마다 부지런히 사시게			日日孜孜莫等閑
가득한 봄바람 속 복숭아 오얏나무 아래			滿目春風桃李下
산처럼 앉아 있는 일 누가 이해할까			不知誰解坐如山

관찰사 이적에게 줌
贈李觀察使迹

세간이 모두 허깨비 같음을 이미 알고 　　　　　世間已了都如幻
넓은 들머리 터 잡아 높은 집 지으니 　　　　　卜築高堂大野頭
달빛은 연못에 가득하고 바람은 나무에 가득한데 　月滿池塘風滿樹
향 피우고 단정히 앉아 맑고 그윽한 맛 맘껏 누리네 　焚香端坐飽淸幽

죽은 승려를 보냄
送亡僧

죽은 스님 보내고 나서 높은 언덕에 올라 　　亡僧已送陟高崗
사방을 돌아봐도 허전하여 한바탕 탄식하네 　　四顧寥寥嘆一場
사람마다 오늘 같은 일 누군들 없으랴마는 　　箇箇誰無今日事
자주자주 눈앞에 벌어져도 아파한 적 없었네 　　頻頻過目未曾傷

마음이 태연하면 온몸이 명령을 따름
天君泰然。百躰從令。

인도 스님 눈 색깔이 어찌 쪽물로 푸르며	胡僧眼豈從藍碧
신선술 닦는 이 얼굴도 술로 벌건 것이 아니네	仚客顔非假酒紅
본래 티 없는 옥은 그 빛도 좋듯이	玉本無瑕光亦好
마음의 밭 깨끗하면 모습 또한 같아지네	心田苟淨貌相同

산속의 취미
山中趣味

옥 가마 금 가마는 귀한 것이 아니고　　　　　　玉輦金輿非是貴
삼군[109]이나 팔일무[110]도 영화롭지 않네　　　三軍八佾未爲榮
바위 옆에 뜬 하늘의 달 가장 어여쁘고　　　　　寂憐岩[1]畔中宵[2]月
누워 솔바람 소리 들으니 두 눈 초롱초롱하네　 臥聞相[3]籟眼惺惺

---

1) ㉖ '岩'은 을본에 '巖'으로 되어 있다.
2) ㉖ '宵'는 을본에 '霄'로 되어 있다.
3) ㉖ '相'은 을본에 '松'으로 되어 있다. ㉓ 번역은 을본에 따른다.

여산삼소도[111]
廬山三笑圖

여산 호계 한 줄기 깊게 난 길	廬岳虎溪一徑深
도사와 스님, 유학자가 있네	黃巾白衲與靑衿
세 사람 같이 걸으며 모든 것을 잊었으니	三人同步渾忘却
셋이서 웃는 소리 예부터 지금까지 높이 울리네	三笑聲高古到今

강서사 누각에 있는 운을 따서 지음
次江西寺樓上韻

산 아래에는 긴 강 강가에는 누각 있어	山下長江江上樓
서늘한 바람과 달로 사람의 근심 씻어 주네	冷含風月蕩人愁
한번 오르니 끝없는 흥취가 절로 생겨나니	一登自有無窮趣
오늘 노닌 일 뒷날 마땅히 생각하리	他日應思此日遊

세상에는 두터이 해야 할 것을 박하게 하는 경우가 셋 있음
世有薄所厚者三

그 몸 주신 부모는 돌보지 않으면서 다른 성씨 떠받들고   不顧稟形承異姓

열어 깨우쳐 주신 스승은 섬기지 않으면서 다른 스승 섬기고   不師開解事餘師

자기 자식은 아끼지 않으면서 남의 자식을 좋아하니   不憐己子愛他子

이 세 가지 볼 때마다 혼자 껄껄 웃고 마네   每遇此三獨解頤

두 공부[112] – 익재의 운을 땀[113]
杜工部次益齊[1]韻

손에는 붓[114]을 쥐고 뱃속에는 책이 가득하였으며　　手握龍蛇腹滿書
들판의 학처럼 사는 곳 구속받지 않았네　　　　　　　身同野鶴不拘居
비단 같은 마음과 아름다운 말로 바람과 달을 품었고　錦心繡口含風月
만 갈래 물줄기 천 봉우리 산 당나귀 한 마리에 다 실　万水千山載一驢
었네

---

1) 영 '益齊'는 고려의 문인 이제현의 호인 '益齋'의 오기로 보았다.

〈두 공부〉의 운을 따서 지음
次杜工部韵

서리 무거운데 떠나는 기러기에 편지 맡기지 못하고　霜重征鴻不付書
밤 깊은데 길 위에서 한가로이 지내던 날 생각하네　夜深途上憶閑居
맑은 바람 밝은 달만이 나를 알아주니　淸風明月爲知己
만 갈래 물줄기 천 봉우리 산 당나귀 한 마리에 다 실었네　萬水千山載一驢

벽곡[115]을 읊음
辟穀吟

마음은 이미 세상의 맛에 집착이 없지만	已於世味心[1]無着
그저 이 몸 움직일 힘 없을까 봐 그럴 뿐[116]	只此身形運無力
몸뚱이 야위는 대로 두어 다른 사람 돌아보지 않으니	一任形燋人不顧
가장 좋은 것은 일 없이 늘 마음 깨어 있는 것이네	寂憐無事心常覺

---

1) ㉘ '心'은 을본에 '著'로 되어 있다.

한가한 도인을 찬탄함
贊閑道人

마음은 물에 비친 달과 같고 자취는 세상 사람과 같은데   心同水月迹同塵
  칭찬해도 좋아하지 않고 욕해도 화내지 않네   讚不忻忻毀不嗔
  본성에 따르고 인연에 따라 한가로이 날을 보내니   任性隨緣閑度日
  재 뒤집어쓴 머리 흙칠한 얼굴[117]로 본래의 참된 성품조차 잊네[118]   灰頭土面忘天嗔[1)]

---

1) ㉮ '嗔'은 을본에 '眞'으로 되어 있다. ㉯ 번역은 을본에 따른다.

산속의 맛
山中味

산 깊고 골짜기 깊어 찾아오는 사람 없어	山深谷密無人到
하루 종일 적막하게 세상의 인연을 끊었네	盡日寥寥絶世緣
낮에는 한가로이 동굴에서 구름 나오는 것 바라보고	晝則閑看雲出岫
밤이 되면 그저 하늘에 달 떠오는 것 구경하네	夜來空見月當天
화로 곁에는 차 끓이는 연기와 내음 풍기고	爐間馥郁茶烟氣
집 안에는 불교 경전[119]의 기운 가득하네	堂上氤氳玉篆煙
사람 세상의 시끄럽고 어지러운 일 꿈도 꾸지 않으며	不夢人間喧擾事
그저 참선의 즐거움만 품은 채 앉아 해를 보내네	但將禪悅坐經年

느낌
有感

곳곳에서 절들 부순다는 소리 들으니	聞說諸方壞佛廟
괜히 두 눈에서 눈물이 흐르네	無端兩眼淚潸[1]然
다만 우리들 모두 덕 없음을 부끄러워하며	但慚我輩都無德
손 모으고 마음 기울여 감히 하늘에 알리네	合掌傾誠敢告天

---

1) ㉔ '潸'은 을본에 '潜'으로 되어 있다. ㉙ 모두 '潛'의 오자이다.

운악산에 노닒
遊雲岳山

고개 위로 높이 천 리가 확 트였고　　　　　　嶺上高開千里目
산속에서는 한 몸의 한가로움 넉넉하게 누리네　山中贏得一身閑
대지팡이 짚고 가는 곳곳에 세속의 일 끊어지니　投筇處處塵機絶
발 들어 이리저리 다녀도 몸 절로 편안하네　　　擧足行行體自安

녹사 권연에게 줌
與權錄事然[1]

성 안에 들어가는 길에	經由入城裏
문득 청심당을 만나	忽遇淸心堂
묵으며 좋은 차 맛보고	得宿嘗佳茗
옷 입은 채 부서진 침상에서 잠이 드네	和衣睡破床
몸은 한밤중에 높이 뜬 달보다 가벼운데	身輕三夜月
꿈 깨니 향로에서 향 내음 풍기네	夢覺一爐香
여여함을 귀하게 여기는 그대는	珍重如如子
한가롭고 바쁜 일 앉아서 꿰뚫어 보리	坐觀閑與忙

함허당어록 끝

涵虛堂語錄畢[2]

---

1) ㉮ 갑본, 을본에는 '與權錄事然'에서 '涵虛堂語錄畢'까지의 51자가 없다.
2) ㉮ 이하 을본에는 부록(권상로 편집)으로「금강경서金剛經序」,「법화경 뒤에 붙인 발문(法華經後跋)」,〈출가시出家詩〉(3편)가 있다. 이 중「금강경서」와〈출가시〉는 이미『금강경오가해설의金剛經五家解說誼』(『한국불교전서』제7책, 10면~14면)와『현정론顯正論』(『한국불교전서』제7책, 220면 상단 19행)에 수록되어 있어 편자가 삭제하였다.

주

1 혼령 : 이 책에는 죽은 이를 지칭하는 명칭으로 선가仙駕·영가靈駕·법가法駕·각령 覺靈 등이 나오는데, 모두 '혼령'으로 번역하였다.
2 세 번째 법회 : 『법화경』을 독송하는 세 번째 법회라는 뜻으로 보인다.
3 법어는 한 말을 기록한 것이지만, 행동을 묘사하는 지문도 있다. 이에 법어의 중심은 어디까지나 '말'이라는 점에서 인용 부호를 사용하지 않으며, 대신 지문을 '《 》' 안에 넣어서 구별한다.
4 산승山僧 : 말하는 사람 자신을 가리킨다.
5 원경 왕후元敬王后[1365(공민왕 14)~1420(세종 2)] : 조선 제3대 왕 태종의 비妃. 성은 민씨閔氏이고 본관은 여흥驪興이다. 1382년(우왕 8) 이방원李芳遠에게 출가하였으며, 1392년(태조 1)에 정녕옹주靖寧翁主에 봉해졌다. 1400년(정종 2) 2월에 이방원이 왕세자에 책봉되자, 세자빈이 되어 정빈貞嬪에 봉해졌으며, 이해 11월에 이방원이 정종의 뒤를 이어 즉위하자 왕비에 책봉되어 정비靜妃의 칭호를 얻게 되었다. 1418년 세종이 즉위한 뒤에는 후덕왕대비厚德王大妃로 봉해졌다. 자식은 세종과 양녕讓寧·효령孝寧·성녕誠寧의 세 대군과 정순貞順·경정慶貞·경안慶安·정선貞善의 네 공주가 있다. 시호는 창덕소열원경왕후彰德昭烈元敬王后이다. 능호는 헌릉獻陵으로 서울특별시 서초구 내곡동 산13번지 1호에 있다.
6 공륜空輪 : 불교의 우주관에서 이 세계의 맨 밑에 있다고 하는 '풍륜'이나, 풍륜 밑의 '허공'을 가리키는 것으로 보인다.
7 유정천有頂天 : 불교의 우주관에서 삼계 가운데 무색계의 맨 꼭대기에 있는 하늘로서 비상비비상천非想非非想天이라고도 한다.
8 주상 전하 : 이때의 임금은 조선의 제4대 왕인 세종(1397~1450, 재위 1418~1450)이다.
9 임금 : 원문의 '九五'는 '주역' '건괘'의 여섯 효 중에서 다섯 번째인 양의 효(陽爻)를 가리키는 말로, 임금의 지위에 해당한다.
10 이 한~본체로 삼는데 : 이 향이 온 누리 모든 존재의 근원인 도 또는 진리라는 뜻이다.
11 '황금 가지'와 '옥 잎사귀'는 남녀 자손을 가리키는 말로서, 이 말은 자손이 번성하기를 바란다는 뜻이다.
12 공비恭妃 전하[1395(태조 4)~1446(세종 28)] : 조선 제4대 왕 세종의 비. 성은 심씨沈氏이고 본관은 청송靑松이다. 1408년(태종 8) 충녕군忠寧君 도禂와 가례嘉禮를 올려 빈嬪이 되고, 경숙옹주敬淑翁主에 봉해졌다. 1417년 삼한국대부인三韓國大夫人에 다시 봉해지고, 이듬해 4월 충녕대군이 왕세자에 책봉되자 경빈敬嬪에 봉해졌으며, 같

은 해 9월에 내선內禪을 받아 즉위하니 12월에 왕후로 봉하여 공비恭妃라 일컬었다. 그러나 1432년(세종 14)에 중궁中宮에게 미칭美稱을 올리는 것은 옛날에도 없었던 일이라 하여 1432년에 왕비로 다시 봉해졌다. 세상을 떠난 뒤 처음에는 헌릉獻陵에 장사 지냈다가 뒤에 세종의 능인 영릉英陵으로 이장하였다. 시호는 선인제성소헌왕후宣仁齊聖昭憲王后이고, 능호는 영릉으로 경기도 여주군 능서면 왕대리에 있다.

13 서왕모西王母 : 중국 도교 신화에 나오는 불사不死의 여왕으로 서화西華라는 아름다운 땅에 사는 여자 정령들을 관리하였다. 서왕모는 본래 인간과 비슷하지만 표범 꼬리와 호랑이 이빨을 가진 산신령이 아름다운 여인으로 변하였다고 하며, 그녀의 서화 정원에는 희귀한 꽃들, 특이한 새들, 불로장생의 복숭아인 반도蟠桃 등이 있다고 한다.

14 묘덕妙德 : 석가모니의 협시보살인 문수보살을 말한다.

15 다시 말하노니 : 원문은 '更敎我說'인데, '敎' 자의 뜻을 어떻게 보느냐에 따라 두 가지로 해석할 수 있다. 먼저 '가르치다'의 뜻으로 볼 경우에는 '다시 나에게 가르쳐 말을 해 달라', '다시 나에게 말을 해 보라'라는 의미로 해석할 수 있다. 반면에 '시키다'의 뜻으로 볼 경우에는 '다시 내가 말을 하게 해 달라', '다시 내가 말하겠다'라는 의미로 해석할 수 있다. 여기에서는 "이미 다 말하였습니다."라는 앞의 문장에 비추어 볼 때, 기화가 다시 말하는 것으로 보는 것이 문맥상 알맞다고 생각되어 후자의 뜻으로 번역하였다.

16 저승길이 까마득한데 : 원문은 '黃道黑'인데, 뒤에 이어지는 '白雲萬里'에 비추어 '황도'는 '황천에 이르는 길' 곧 저승길을 뜻하고, '흑黑'은 저승길이 어둑어둑하고 까마득하다는 것을 뜻하는 것으로 보았다.

17 법어에는 이처럼 운문의 형식을 띤 글이 포함된 경우가 많이 있는데, 번역 시에 꼭 필요할 경우가 아니면 운문의 형식을 취하지 않은 경우도 있다.

18 향수의 바다(香水海) : 수미산을 둘러싸고 있는 바다를 가리킨다.

19 보달산補怛山 : 관세음보살이 머물고 있다고 하는 보타락가산普陀洛伽山을 가리킨다.

20 성녕대군[1405(태종 5)~1418(태종 18)] : 이름은 이종李種으로 조선 제3대 왕 태종의 넷째 아들이며, 어머니는 원경元敬 왕후 민씨이다. 부인은 창녕昌寧 성씨成氏이다. 처음에는 성녕군誠寧君에 봉해졌다가 1414년(태종 14)에 대군大君으로 진봉進封되었다. 1417년 대광보국숭록대부大匡輔國崇祿大夫의 자리에 올랐으나 이듬해 14살의 나이에 홍역으로 죽었다. 태종은 이를 애통하게 여겨 그의 사저私邸를 원찰願刹로 삼아 명복을 빌도록 하였으나 대언代言 등의 계청에 따라 경기도 고양 북산에 있는 그의 묘소 남쪽에 대자암大慈庵을 세우고 사패지賜牌地를 내려 불공을 올리게 하였다. 그 해에 변한소경공卞韓昭頃公에 추증되었다. 또한 대자암은 선종禪宗에 속하는 원찰로 왕족의 기신제忌晨祭를 시행하는 장소로 자주 이용되었다.

21 성녕대군의 혼령이시여, 깨어 있습니까 : 이 문장의 원문은 평서문이지만, 혼령을 불러 일깨우는 말이라는 점에서 의문문의 형식으로 바꾸었다. 이하도 마찬가지이다.

22 이리와 양량이~사라진 눈 : 여리지如理智와 여량지如量智의 분별조차 벗어난 눈을 말한다.

23 아홉 가지의 연화대 : 극락을 말한다. 극락에는 아홉 가지 연꽃이 있어 상품상생에서 하품하생에 이르는 아홉 가지의 중생들이 부류에 따라 그곳에 태어난다고 한다.

24 정 상국鄭相國[1363(공민왕 12)~1423 (세종 5)] : 정탁鄭擢. 본관은 청주淸州이고 자는 여괴汝魁·축은築隱, 호는 춘곡春谷이다. 1382년(우왕 8) 문과에 병과로 급제하였고, 이후 고려조에 춘추관수찬관·사헌규정司憲糾正·좌정언·호조좌랑·병조좌랑·광흥창사廣興倉使 등을 역임하였으며, 조선이 개국한 뒤 이성계의 추대를 제일 먼저 발의한 공로로 개국공신 1등에 책록되었으며, 이후 여러 관직을 거쳐 우의정에 올랐다. 태종의 묘정에 배향되었으며, 시호는 익경翼景이다.

25 봉녕군奉寧君 : 봉녕부원군奉寧府院君 이복근李福根(?~1421)을 말한다. 진안대군鎭安大君 이방우李芳雨[1354(공민왕 3)~1393(태조 2)]의 아들로서 1차 왕자의 난 때 공을 세워 봉녕부원군에 봉해졌다.

26 오온五蘊 : 중생을 이루는 다섯 가지 요소인 색色·수受·상想·행行·식識을 말한다.

27 다섯 가지 청정법신淸淨法身 : 계戒·정定·혜慧·해탈解脫·해탈지견解脫知見의 다섯 가지 공덕으로 표현된 법신을 말한다.

28 육도보설六道普說 : 육도의 중생들에게 두루 펼치는 설법을 말한다.

29 노비도 많았으니 : 원문의 '如織'은 사물이 번성한 것을 의미한다.

30 작은 티끌을~겻(纖芥投針)과 같고 : 원문의 '纖芥投針'의 본래 뜻은 '먼지가 바늘에 달라붙듯이 비슷한 것들이 모이는 것'을 의미하지만, 이 글의 문맥에서는 '눈먼 거북이 구멍 뚫린 나무를 만나는 것'의 비유처럼 몹시 만나기 어렵다는 것을 비유한 것이기 때문에 본래의 뜻으로는 맞지 않는다. 이에 작은 티끌을 바늘에 던져 맞힌다는 뜻으로 이해하고 번역하였다.

31 옛사람이 가르침을~팔듯 하였으며 : 기원정사祇園精舍의 고사를 말하는 것으로 보인다.

32 가르침을 위하여~서 있었습니다 : 선종禪宗 제2조 혜가慧可의 고사를 말하는 것으로 보인다.

33 당시 마갈다국摩竭陀國에서도~널리 알렸고 : 석가모니가 가르침을 널리 편 일을 말한다.

34 옛날 비야리성毘耶離城에서도~일찍이 누설하였는데 : 『유마경』의 가르침을 말한다.

35 사문의 외눈(一隻眼)이니 : 원문의 '一隻眼'은 한쪽만 있는 외눈이라는 뜻으로, 두 개가 한 쌍인 육체적인 눈이 아니라 진리를 꿰뚫어 본 하나의 바른 눈, 지혜의 눈을 의

미한다.

36 지금 하씨의~자리를 주어야겠습니까 : 이 법문이 '자리를 바치면서(獻座)' 한 것이기 때문에 이렇게 말한 것으로 보인다.

37 홍섭洪涉[?~1422(세종 4)] : 조선 전기의 무신으로 본관은 남양南陽이다. 판군기감사判軍器監事, 호조참의戶曹參議, 동지총제同知摠制, 내시위일번절제사內侍衛一番節制使, 별운검총제別雲劒摠制, 중군동지총제中軍同知摠制, 좌군총제左軍摠制를 지냈으며, 1422년 경상우도수군도안무처치사慶尙右道水軍都安撫處置使로 파견되었다가 임지에서 죽었다.

38 높은 벼슬(三台) : 원문의 '三台'는 정승을 의미하지만, 홍섭이 실제 정승을 지낸 것은 아니기 때문에 높은 벼슬자리를 두루 가리키는 것으로 보았다.

39 상相에 머물러~되지 않네 : 당나라의 선종 승려 영가 현각永嘉玄覺의 〈증도가證道歌〉에 나온다.

40 짧은 판자 : 제사상에 세워 둔 신주를 가리키는 것으로 보인다.

41 나가는 것을~것을 미워하며 : '나가는 것'은 세속을 벗어나는 것을, '들어오는 것'은 세속으로 들어오는 것을 가리키는 것으로 보인다.

42 강월헌江月軒 : 고려 말의 선승 나옹 혜근懶翁惠勤(1320~1376)을 말한다.

43 국토의 바다와~걸림이 없으니 : 온 우주에 가득한 모든 국토가 하나의 털구멍 속에 들어간다는 『화엄경』의 가르침을 들어 말한 것이다.

44 바느질 없는 탑(無縫塔) : 둥근 탑을 가리킨다.

45 얽힌 덩굴~수 없습니다 : 얽힌 덩굴을 헤치고 길을 열어 줄 수밖에 없다는 뜻이다.

46 영운靈雲 : 법명은 지근志勤(?~?)으로, 중국 당나라의 선승이다. 위산 영우潙山靈祐의 법을 이었으며, 복숭아꽃을 보고 깨달았다고 한다.

47 향엄香嚴이 대나무를~밝힌 것 : 향엄香嚴의 법명은 지한智閑(?~898)으로 중국 당나라의 선승이다. 백장 회해百丈懷海에게 출가하고 위산 영우潙山靈祐에게 참학하였다. 남양 혜충南陽慧忠 국사의 도량에서 수행하던 중 뜰을 청소하면서 깨진 기왓장을 대나무에 던지다가, 기왓장이 대나무에 맞는 소리를 듣고서 깨달았는데, 이것이 유명한 향엄격죽香嚴擊竹의 공안이다.

48 한 삼태기~이지러져 버리니 : 『서경』「여오旅獒」에 "아홉 길 높이의 산을 만드는데, 한 삼태기의 흙으로 공이 이지러진다.(爲山九仞。功虧一簣。)"라는 말이 있다.

49 서역에 태어나는 법 : 서방정토에 왕생하게 하는 아미타 신앙을 말한다.

50 한단의 베개 위의 일 : 세상의 온갖 부귀영화가 한순간의 꿈이었다는 '한단침邯鄲枕' 또는 '한단몽邯鄲夢'을 말한다.

51 허공의 꽃 : 병 걸린 눈에 무엇인가 아른거리며 보이는 것을 가리키는 말로, 있는 듯이 보이지만 실제로는 존재하지 않는 것을 의미한다.

52 불 : 원문의 '丙丁'은 십간十干을 오행五行에 배대한 것에 따르면 '화火'에 속하기 때문에 '화火'를 대신하는 말로 쓰인다.

53 아홉 가지~수 있고 : 극락에는 아홉 가지의 연꽃이 있는데, 살아 있을 때의 행위에 따라 상상上上에서 하하下下의 아홉 가지로 분류된 중생들이 그에 해당하는 연꽃에 담겨 태어난다고 한다.

54 49년 동안의 광대한 이야기 : 붓다의 가르침을 말한다.

55 팔장八藏 : 붓다의 가르침을 태화장胎化藏·중음장中陰藏·마하연방등장摩訶衍方等藏·계율장戒律藏·십주보살장十住菩薩藏·잡장雜藏·금강장金剛藏·불장佛藏의 여덟 가지로 분류한 것이다.

56 오승五乘 : 성문승聲聞乘·연각승緣覺乘·보살승菩薩乘의 삼승에 인승人乘과 천승天乘을 더한 것이다.

57 서천西天 28조二十八祖 : 선종의 법맥에서 제시한 인도의 28명의 조사를 말한다.

58 네 명의 해 같은 보살(四日之大士) : 인도 불교의 4대 사상가를 가리키는 말로, 동쪽의 마명馬鳴·남쪽의 제바提婆·서쪽의 용수龍樹·북쪽의 동수童受를 '세상을 비추는 네 개의 해(四日照世)'로 불렀다고 한다.

59 사바세계의 인도 : 원문은 '忍土之五天'인데, '인토'는 번뇌와 괴로움을 참고 살아가는 사바세계를 말하고, '오천'은 인도를 동·서·남·북·중의 다섯 지역으로 나누어 부르는 '오천축五天竺'을 말한다.

60 야사夜奢 : ⓢ Yaśa 혹은 Yaśoda. 바라나시의 장자의 아들로 출가한 뒤 녹야원으로 가서 붓다의 가르침을 받고 여섯 번째 제자가 된 비구이다.

61 일심이문一心二門 : 하나의 마음을 진여문眞如門과 생멸문生滅門이라는 두 문으로 설명한 것을 말한다.

62 밖이 없는 것 : 가장 큰 것을 말한다.

63 틈 없는 것 : 가장 작은 것을 말한다.

64 그 : 거울 속에 비친 모습을 말한다.

65 네 가지 성인 : 성문聲聞, 연각緣覺, 보살菩薩, 부처를 말한다.

66 여섯 가지 범부(六凡) : 지옥地獄·아귀餓鬼·축생畜生·수라修羅·사람·하늘(天上) 중생을 말한다.

67 둥근 얼음 : 달을 가리킨다.

68 영대靈臺 : 마음을 가리킨다.

69 서른세 번 : 이 구절의 원문인 '三三'은 보통 '3×3'으로 '9'를 뜻하지만, 여기에서는 남종선南宗禪이 육조 혜능慧能 이후 다섯 종파가 나뉘었다는 것을 말하는 것이기 때문에 '33'으로 보아야 한다. 즉 인도의 28조인 보리달마가 중국에 와서 초조初祖가 되고, 혜능이 그 법맥을 이어 육조가 되었으므로 인도의 법맥에 이어서 따져 보면 33조

가 된다는 것을 말한 것이다.

70 네 조사(四家) : 독자적인 선풍禪風을 고취시킨 네 명의 선사를 가리키는 말로, 종파에 따라 다르다. 여기에서는 남악 회양南嶽懷讓 문하의 마조 도일馬祖道一, 백장 회해百丈懷海, 황벽 희운黃檗希運, 임제 의현臨濟義玄을 가리킨다.

71 기용機用 : 말이나 행동, 또는 그에 나타나는 미묘한 마음의 작용을 말한다.

72 수많은 물길~것 없네 : 이 말은 중국의 모든 강물이 동쪽으로 흘러 바다로 들어가는 것을 비유한 것으로, 궁극적으로 모두 같은 곳으로 향한다는 것을 뜻한다.

73 영지靈知 : 하택종荷澤宗의 '공적영지空寂靈知'를 말하는 것으로 보인다. 영지와 불성, 지혜의 관계에 대한 자세한 논의는 규봉 종밀圭峰宗密의 저술 속에서 찾아볼 수 있다.

74 이 글은 글자 수로 볼 때 '6·4·6·4·4·4·4·4·3·4·4·4'의 형식을 띠고 있지만, 내용상으로는 그렇게 끊을 수 없는 경우도 있다. 이에 원문의 띄어쓰기는 형식에 맞추었고, 번역은 내용에 맞추었다.

75 두 번 부름(再唱) : 저본에는 빠진 경우가 많지만, 을본에는 각 시의 마지막 구절 바로 앞의 구절마다 '再唱'이라는 글자가 작은 글씨로 붙어 있다. 번역은 이에 따랐다.

76 이 글은 글자 수로 볼 때 '6·4·6·4·4·4·4·4·3·4·4·4'의 형식을 띠고 있지만, 내용상으로는 그렇게 끊을 수 없는 경우도 있다. 이에 원문의 띄어쓰기는 형식에 맞추었고, 번역은 내용에 맞추었다.

77 두 번 부름(再唱) : 위의 주 75 참조.

78 이 글은 글자 수로 볼 때 '6·4·6·4·4·4·4·4·3·4·4·4'의 형식을 띠고 있지만, 내용상으로는 그렇게 끊을 수 없는 경우도 있다. 이에 원문의 띄어쓰기는 형식에 맞추고, 번역은 내용에 맞추었다.

79 두 번 부름(再唱): 위의 주 75 참조.

80 스님 : 함허당 기화를 말한다.

81 이 부분은 윗글에 이어져 있지만 내용으로 보아 다른 글로 나누어서 보아야 할 듯하다.

82 혜원慧遠 스님을 잇기 바라네 : 혜원이 머문 동림사東林寺가 여산廬山에 있었다.

83 감로사甘露寺 : 고려 문종文宗 때 이자연李子淵이 세운 절로, 개성 성 밖에 있었다.

84 세 사람 : 호계삼소虎溪三笑의 고사에 나오는 승려 혜원慧遠, 유학자 도연명陶淵明, 도사 육수정陸修靜을 말한다.

85 읍재邑宰 : 고을을 다스리는 수령을 말한다.

86 우바새 : 남자 불교 신도를 말한다.

87 옥호玉毫 : 석가모니의 32상三十二相 가운데 하나인 두 눈썹 사이의 하얀 털(白毫)을 말한다.

88 광채를 거둔 지 2천여 년인데 : 석가모니가 세상을 떠난 지 2천여 년이 넘었다는 뜻
으로, 당시 동아시아 불교계에서 석가모니가 기원전 1027년에 태어나 기원전 947년
에 입멸한 것으로 보았기 때문에 이렇게 말한 것이다.

89 유유민劉遺民 : 거사로서 동림사東林寺에 머물며 혜원慧遠이 주도한 백련사白蓮社에
참여하였다.

90 사람이 없는 듯하였네 : 조선에 들어서서 억불 정책이 시행되면서 승려와 유학자들의
교유가 소원해졌음을 표현한 것으로 보인다.

91 백련사의 종풍 : 승려와 거사들이 함께 모여 정토 신앙을 닦은 것을 말하는 것으로
보인다.

92 강월江月 : 고려 말의 선승 나옹 혜근懶翁惠勤을 가리킨다.

93 그 집에 담긴 취미 : 나옹 혜근의 경지를 가리킨다.

94 물가에서 본~주시던 일 : 『논어』「자한子罕」편에 "스승께서 물가에서 말씀하셨다. '가
는 것이 이와 같구나! 밤낮을 가리지 않는구나.(子在川上曰。 逝者如斯夫。 不舍晝夜。)'"
라는 구절이 있다.

95 손가락을 통해~달을 보고는 : 경전 공부를 통해 진리를 알았다는 뜻이다.

96 일찍이 머리~집으로 향했네 : 참선 수행에 정진하였다는 뜻이다.

97 분소의糞掃衣 더미 : 승려의 옷인 분소의를 입은 몸뚱이를 가리키는 것으로 볼 수 있
는데, 이 경우 전체 뜻은 '출가하여 승려가 된 뒤에 갖게 되었다'라는 것이 된다.

98 보광전의 주인 : 비로자나불毗盧遮那佛인데, 여기에서는 본래 부처인 중생을 뜻한다.

99 금琴 타는~같은 벗 : 지음知音의 고사를 말한다. 백아伯牙가 금琴을 잘 탔는데, 오직
종자기鍾子期만이 제대로 이해하였고, 그러다 종자기가 죽자 백아가 더 이상 금을 타
지 않았다고 한다.

100 등 문지르며~선사 본받으라 : 이 구절은 고령 신찬古靈神贊 선사가 스승의 등을 밀
어 주면서 선적인 깨달음을 드러내어 스승을 교화한 '고령개배古靈揩背' 공안에서 따
온 것이다. 자세한 내용은 『오등회원五燈會元』 「고령신찬장古靈神贊章」에 실려 있다.

101 월나라 장군 : 범려范蠡를 말한다.

102 옛 현인들이~않았던 일 : 원문의 '三不歸'는 『관자管子』에 나오는 말로, 즐거움에 빠
져 돌아가지 않는다는 뜻인데, 여기에서는 도 닦는 즐거움을 누리며 세속으로 돌아가
지 않는다는 말로 쓰인 듯하다.

103 소정紹丁 : 『함허당득통화상어록』의 서문을 지은 전여필을 말한다.

104 부신 : 원문의 '符'는 임금이 관리에게 내리는 증표인 '부신符信'을 말하는데, 전여필
이 관리였기 때문에 이렇게 쓴 것으로 보인다.

105 아직도 부엌에는~채소 없네 : 원문은 '赤鹽莙'인데, 정확하게 무엇을 가리키는 것인
지는 분명하지 않다. 다만 현등사가 절이고, 청정한 가풍을 잇고 있다는 점을 고려하

여 '赤'은 붉은색이 도는 고기, '鹽'은 소금에 절인 생선, '焄'은 불교에서 금하는 오신채를 가리키는 것으로 보았다.

106 옛적 반공의~이제야 알겠네 : 『정토자량전집淨土資糧全集』에는 "현령 반공이 강이나 호수에서 고기 잡는 것을 금하였는데, 뒤에 자리에서 물러나게 되자 물속에서 크게 우는 소리가 들렸다."라는 일화가 실려 있는데, 떠들썩한 산과 물소리를 뒤로하고 현등사를 떠나는 자신의 심정을 여기에 견주어 표현한 것으로 보인다.

107 세 갈래 길 : 은둔한 사람이 사는 곳을 말하는데, 도연명의 〈귀거래사〉에는 "세 갈래 길이 황량해졌다.(三逕就荒)"라는 구절이 있다.

108 옥 이파리 : 빗방울을 말한다.

109 삼군 : 중군, 좌군, 우군으로 이루어진 한 나라의 모든 군대를 말한다.

110 팔일무八佾舞 : 오직 중국 천자의 조정에서만 출 수 있었다고 하는 춤을 말한다.

111 여산삼소도廬山三笑圖 : 중국의 여산廬山 호계虎溪에 있었다고 하는 호계삼소虎溪三笑의 고사를 그린 그림으로, 호계삼소도虎溪三笑圖라고도 한다.

112 두 공부杜工部 : 당나라의 시인 두보杜甫를 말하는데, 만년에 공부원외랑工部員外郞이라는 벼슬을 지냈기 때문에 이렇게 부른다.

113 원문에는 따로 구별이 없지만 일반적인 시의 형식에 맞추어 제목과 소주로 나누었다.

114 붓 : 원문의 '龍蛇'는 서법 또는 그렇게 쓴 글씨를 뜻한다.

115 벽곡辟穀 : 곡식으로 만든 일반적인 음식을 먹지 않는 것으로 도교의 수련법 가운데 하나이다.

116 그저 이~그럴 뿐 : 음식을 먹는 것이 세상의 맛을 즐겨서가 아니라 몸을 움직일 힘을 얻기 위한 것일 뿐이라는 뜻이다.

117 재 뒤집어쓴 머리 흙칠한 얼굴(灰頭土面) : 보살이 중생들을 구제하기 위하여 나툰 갖가지 모습을 가리킨다.

118 본래의 참된 성품조차 잊네 : 세속과 함께하여 참되고 거짓됨의 분별을 떠난다는 의미로 보인다.

119 불교 경전 : 원문의 '玉篆'은 전서를 가리키는 말로서, 전서로 쓴 오래된 글이나 책을 뜻하기도 하고, 신선술 같은 초세속적 가르침을 담은 책들을 뜻하기도 한다. 이에 여기에서는 불경으로 보았다.

『법화경』 뒤에 붙인 발문

정암 도인定庵道人이 나고 죽음의 바다에서 사람과 하늘 무리의 물고기들을 끌어올려 열반의 언덕에 두려 하며, 이 묘한 연꽃의 왕을 낚시 바늘로 삼고자 하였다. 마침내 이 경판을 새로 조성하여 널리 전하려 하였는데, 원경元敬 왕태후께서 이 일을 듣고 그 뜻을 아름다이 여기셨다. 그리고 주상 전하가 다섯 가지 복을 오래도록 누리고 소경공昭頃公[1]의 혼령이 높이 아홉 가지 연꽃[2] 가운데 깃들게 하고자 하여 옷과 재물을 내어 그 일을 주간하였는데, 그림자나 메아리처럼 좇는 착한 시주자들이 자못 많았다. 아아, 이는 천년 세월 뒤에 벌어진 진기한 일이다. 뒤에 배우는 이들이 큰일을 감당하고자 한다면 정암 도인이 손을 늘어뜨린 곳에서 크게 한 번 몸을 뒤집어야 할 것이다. 진실로 이처럼 된다면 원경 왕태후의 바람과 정암 도인의 뜻이 땅에 떨어지지는 않을 것이다. 정암 도인이 인순부 윤仁順府尹 성 군成君에게 부탁하여 나에게 발문을 청하였는데, 나는 재주가 없어서 글 짓는 일을 감당할 수 없었다. 그러나 세 번이나 청하며 정성스러움을 보이니, 이에 사양하지 못하고 글을 짓게 되었다.

임인년(1422년, 세종 4) 3월 일 함허당涵虛堂 수이守伊 무준無準이 공경하며 발문을 쓰다.

― 대자암大慈庵의 『법화경法華經』 경판에서 뽑아냄

法華經後跋[1)]

道人定庵者。欲向生死海裏。引人天魚。置涅槃岸。托此妙蓮華王。以爲鉤頭。遂以此板而新之。以廣其傳。元敬王太后。聞其事而嘉其志。欲爲主上殿下。永享五福。昭頃公之靈。高棲九蓮。抽衣資。幹其辦。諸善檀那。又從而影響焉者頗衆。嗚呼。千載下一段奇事。後之學者。如欲荷擔大事。直須向定庵垂手處。好翻身一擲。苟如是。則太后之願。定庵之志。庶幾乎不墜地矣。菴。托仁順府尹成君。抑求予跋。予以不才。不堪措詞。三請示勤。是不辭而爲之書。蒼龍壬寅三月。日。涵虛堂守伊無準敬跋。

大慈庵藏板法華經抄出。

---
1) ㉯ 이 『『법화경』 뒤에 붙인 발문』은 『한국불교전서』 편자가 을본에 의거하여 보충하여 집어넣은 것이다.

함허당 득통 화상의 행장

문인門人 야부野夫가 적음

스님의 이름은 기화己和이고 호는 득통得通이다. 예전에는 이름은 수이守伊이고, 호는 무준無準이었다. 사는 집은 함허당涵虛堂이다. 속성은 유씨劉氏이고, 중원中原 사람이다. 아버지 이름은 청聽인데, 벼슬이 전객시사典客寺事에 이르렀다. 어머니는 방씨方氏이다. 방씨가 자식이 없어서 자비대성慈悲大聖(관세음보살)께 찬송하며 기도하다가 밤중에 문득 대성大聖이 몸소 뱃속에 아이를 넣어 주는 꿈을 꾸고 임신하였으며, 홍무洪武 9년 병진년(1376년, 고려 우왕 2) 11월 17일에 스님을 낳았다.

스님은 어린아이로 뛰어놀 때부터 몸가짐이 보통 아이들과 달랐다. 어려서 반궁泮宮(성균관)에 들어가서는 날마다 천여 글자를 외웠고, 조금 자라서는 "하나로 꿰뚫었다."라고 하자, "그렇습니다."라고 말한 뜻[3]을 깊이 통달하였다. 경전의 뜻을 밝히고 학문을 강론하여 그 아름다운 이름을 떨치고, 글을 지으면 이치가 그윽하고 은미하였다. 여러 가지 하는 말마다 금이나 옥이 울리듯 아름다우니 비단에 꽃을 수놓았다는 말로도 표현하기 부족하였다.

사람들이 말하기를, "앞으로 임금님을 모시면서 큰 명을 받들어 드날리면 임금을 성군으로 만들고 백성들을 윤택하게 하며 인륜을 바로잡아서 틀림없이 주공周公이나 소공召公에 부끄러울 것이 없게 될 것이다."라고 하였다.

　스물한 살이 되었을 때(1396년, 태조 5) 성균관에 같이 있던 동무 유생의 죽음을 보고서 세상이 덧없음을 알았고, 몸뚱이가 허깨비처럼 헛됨을 꿰뚫어 보았다. 두 가지 나고 죽는 일에서 벗어나기를 서원하고 일승一乘의 열반을 구하겠다는 뜻을 세우고서 도를 넓혀 네 가지 은혜에 보답하고 덕을 길러서 삼계에 보탬이 되고자 곧바로 출가하려 하였다. 하지만 아직은 그 뜻이 굳지 않아 이리저리 고심하면서 하루도 산수에 마음을 두지 않은 날이 없었으며, 손에는 『주역』⁴을 쥔 채 갈림길에서 머뭇거렸다. 그러다 외로이 홀로 다니는 한 스님을 만나서 가족, 친지에 대한 사랑을 끊었다. 천천히 그 스님의 뒤를 쫓아가서 관악산 의상암義湘庵에 이르자, 그 스님과 각보覺寶라는 늙은 스님이 한마음으로 머리를 깎아 주었다.

　이듬해 정축년(1397년, 태조 6) 조춘早春(음력 1월)에 회암사檜岩寺에 이르러 왕사王師 무학無學 묘엄 존자妙嚴尊者에게 처음 참상參上하고 몸소 법의 요체를 들었다. 이에 본래의 스승과 이별하고 물러 나와 여러 산을 두루 돌아다니며 치열하고 부지런하게 닦았다. 또 갑신년(1404년, 태종 4) 중춘仲春(음력 2월)에 다시 회암사로 돌아와서 방 하나에 홀로 머물며 보고 듣는 것을 끊었는데, 움직이거나 멈추거나 밥 먹거나 쉴 때에도 조금도 흐트러짐이 없었다. 졸음을 쫓고자 깊은 밤에 천천히 걷다가 자기도 모르게 저절로 읊기를, "가다가다 문득 고개 돌려 보니 산등성이가 구름 속에 서 있네."라고 하였다. 또 하루는 변소에 들어갔다 나와서 씻는 물통을 내려놓으며 말하기를, "오직 이 한 가지 일만이 참될 뿐이고, 나머지 다른 것들은 참되지 않다."라고 하였다. 이 말들이 어찌 그저 한 말이겠는가?

　병술년(1406년, 태종 6) 여름에 공덕산功德山 대승사大乘寺로 갔는데, 이해부터 기축년(1409년, 태종 9)까지 4년 동안 반야경般若經을 강의하는 자리를 세 번 열었다. 경인년(1410년, 태종 10) 여름에 천마산天磨山 관음굴觀音窟에 이르러 깨달음의 나무에서 이는 현묘한 바람을 크게 떨쳐 두루 인연 있는 이들이 모두 교화되게 하였다. 신묘년(1411년, 태종 11) 중추仲秋(음력 8월)에 불희사佛禧寺에 이르러 3년 동안 결제結制하면서 건물을 중수하고 여러 시주자들을 모아 조사의 가풍을 널리 드날렸다.

갑오년(1414년, 태종 14) 봄 3월에 자모산慈母山 연봉사烟峰寺로 가서 작은 방 하나를 골라 '함허당涵虛堂'이라고 이름 붙이고, 3년 동안 조금도 쉬지 않고 부지런히 도를 닦았다. 또 정유년(1417년, 태종 17)부터 무술년(1418년, 태종 18) 사이 한 번의 겨울과 두 번의 여름에 이 절에서 『금강경오가해金剛經五家解』를 강의하는 자리를 세 번 열었다.

그 뒤로는 한 곳에 오래 머물며 닦지 않고 마음 가는 대로 다녔는데, 산천의 언덕을 돌아다니기도 하고, 사람 모여 사는 세상에 거리낌 없이 다니기도 하였다. 나서거나 물러나거나 어찌 조금이라도 일정한 장소에 국한되었을 것이며, 굳이 청하면 또한 머무르니, 모두들 "우리 선지식과 마음껏 함께하네."라고 하였다.

말과 행위가 호수나 바다 같아서 사람들의 마음마다 신망이 무거웠다. 이에 다른 사람의 요청으로, 경자년(1420년, 세종 2) 가을에 강릉江陵 오대산五臺山에 들어가 향과 제수를 정성껏 갖추어 오대산의 여러 성인들에게 공양하고, 영감암靈鑑菴으로 가서 나옹 선사의 진영에 제수를 올렸다. 그 암자에서 이틀을 묵었는데 밤에 꿈속에서 어떤 신이한 스님이 가만히 스님에게 말하기를, "그대의 이름은 기화己和, 호는 득통得通이다."라고 하니, 스님이 손 모아 절하고 공손하게 받고서 곧바로 꿈에서 깨어났는데, 온몸의 기운이 맑고 상쾌한 것이 몹시 맑은 하늘 위에 오른 듯하였다.

다음날 월정사月精寺로 내려와 지팡이도 내려놓고 신발도 벗어 놓고 방 하나에 편히 머물면서 평생토록 도의 태를 길러 배고프면 밥 먹고 목마르면 물 마시며 세월을 보내고자 하였다. 하지만 주머니 속의 송곳이 드러나면 묶어 못 나오게 할 수가 없는 것처럼, 이때 벌써 스님의 도와 덕이 환히 드러나서 멀고 가까운 곳에 두루 퍼져 있었다.

우리 임금님(세종)께서는 멀리는 복희씨伏羲氏와 헌원씨軒轅氏를 잇고, 가까이는 한漢나라의 문제文帝나 경제景帝와 같이 하여[5] 다섯 가지 인륜을 공경하며 펼치고 홍범구주弘範九疇의 가르침을 거듭 이으니, 그 은택이 마름이나 갈대까지 두루 적시고, 그 다스림이 벌레나 물고기까지 미쳐서 덕은 이전의 삼왕三王을 능가하고, 명성은 옛적의 오제五帝보다 높았는데, 다시 삼보에 마음을 두고 복전福田을 생각하였다. 이에 스님의 풍모를 듣고 그 아름다운 이름을 어여삐 여겼으며, 신축년(1421년, 세종 3) 가을 초엽에 명하여 어찰御刹 대자사大慈寺에 머물게 하고, 세상 떠난 어머니 대비 전하를 천도하기 위해 영산승석靈山勝席을 크게 여니, 종실의 여러 왕과 부마와 여러 군 가운데 많은 사람들이 명에 따라 향을 받들어 직접 참석하였다.

이들이 스님에게 설법하기를 청하자 스님이 강하게 사양하였으나 어쩔 수 없었다. 이에 법좌에 높이 올라 법의 요체를 열어 보이기 시작하니, 그 목소리는 맑고도 밝고, 이치는 현묘하고도 깊은데, 저절로 운율을 이루어 마치 바람이 불자 물결이 이는 듯하니, 멀고 가까이서 보고 듣는 이들이 기뻐하며 탄복하지 않는 이가 없었으며, 성대하게 많이 모인 양종兩宗과 오교五敎의 여러 산의 승려들은 모두 몸 둘 바를 몰라 했다.

이때부터 그대로 4년을 머무르다가 갑진년(1424년, 세종 6) 가을에 글을 올리고 물러나서 길상산吉祥山·공덕산功德山·운악산雲岳山 등의 여러 산을 돌아다니며 인연에 따라 날을 보내다가, 문득 삼학三學을 크게 넓히고 일승一乘을 크게 떨쳐 칠중七衆[6] 모두가 여래의 바른 깨달음의 경지에 이르게 하고, 참된 가르침을 다시 되돌리고 말법 시대의 운세를 떠받쳐 바로 세워야겠다고 생각하여 신해년(1431년, 세종 13) 가을에 영남 지방의 희양산曦陽山 봉암사鳳巖寺로 가서 무너진 건물을 중수하였다. 중수가 다 끝나고 나서 스님이 숙명을 꿰뚫어 보는 묘하고 깨끗한 지혜로 당시의 상황을 조용히 살펴보니, 때는 바야흐로 말법의 시대로서 성인의 시대에서 더욱 멀어져 근기와 가르침이 무너지니 법을 넓힐 수가 없었다. 이에 전날 기약했던 것을 거두어들이니, 평소 품었던 세 가지 일을 다 마치지 못하였다.

선덕宣德 8년 계축년(1433년, 세종 15) 3월 25일에 짐짓 작은 병세에 의탁하여 몸과 마음이 편치 못하였으며, 4월 1일 신시申時 초각에 이르자 똑바로 가만히 앉아서 말하였다.

고요하게 텅 비어	湛然空寂
본래 아무것도 없는데	本無一物
신령한 빛 밝게 빛나	靈光赫赫
온 누리를 꿰뚫어 비추네.	洞澈十方
나고 죽음을 받을	更無身心
몸과 마음 다시 없으니	受彼生死
오고 가는 데	去來往復
얽매임도 걸림도 없네.	也無罣礙

잠시 뒤 또 말하였다.

가면서 눈 들어 보니	臨行擧目
온 누리 푸르디푸른데	十方碧落
없는 것 가운데 길이 있으니	無中有路
서방극락이네.	西方極樂

이것이 바로 마지막으로 떠나며 한 말이었다. 말소리가 끝나자 곧 조용히 세상을 떠났다. 5일 동안 절에 모셔 두었는데 얼굴빛이 평상시와 조금도 차이가 없이 똑같았다.

다비가 끝난 뒤에 이와 뼈를 주워 모아 향수로 씻자 뼈에 붙은 사리가 눈부시게 빛났다. 이때 기이한 향기가 골짜기에 가득하여 길 가는 이들이 모두 향내를 맡았는데, 손 모아 머리 숙여 절하면서 공경하여 믿지 않는 이가 없었다. 효령대군孝寧大君이 몸소 임금님께 아뢰고, 여러 제자들에게 명하여 네 곳에 부도를 세우게 하자, 날이 가기도 전에 칠중七衆이 자식처럼 모여들어 석실石室을 짓고 안치하였으며, 훌륭한 법회를 열어 예를 마쳤다. 이때 귀의하여 따르며 도를 배우고 계를 받은 이들이, 구름이 모이고 바퀴통에 바큇살이 모이듯 몰려들어 예전보다 더 많았는데, 굳은살이 박이도록 손가락을 꼽아 세어도 그 수를 다 헤아릴 수가 없었다. 이른바 "한량없는 목숨을 보여 있을 것은 있게 하고, 나고 죽는 모습을 보여 변화할 것은 변화하게 한다."[7]라는 것이 이것이다.

스님의 향년은 58세이고, 법랍은 38세이다. 스님이 평소에 지은 경론의 주석과 시詩와 부賦와 문장들은 진실로 많지 않다 할 수 없지만, 여러 곳에 흩어져 있기 때문에 다 찾지는 못하였다. 그저 직접 쓴 『원각경소圓覺經疏』 3권과 『반야오가설의般若五家說誼』 1권, 『현정론顯正論』 1권, 『반야참문般若懺文』 2질, 『윤관綸貫』 1권, 「소참에서 혼령에게 내린 말(對靈小參下語)」 등을 교정하고 여러 본을 써서 원찰願刹에 남겨 두어 뒷사람들에게 보일 뿐이다.

그러나 선사의 덕행은 이미 참으로 위대하여 변변치 못한 글과 거친 말로는 제대로 기술할 수 없는 것이 사실이다. 그러나 내가 억지로 이를 적어 뒷시대에 남기는 것은 효를 높이기 때문이니, 이는 효자·효손들의 지극한 정성이다. 하물며 직책이 붓을 잡는 일이니 어찌 감히 완강하게 사양할 수 있겠는가? 이에 어쩔 수 없이 거칠게나마 시말을 적어 오래도록 전하여 없어지지 않게 하고자 할 뿐이다.

행적을 적는 말은 이미 다 하였지만, 대사를 경모하는 마음은 다 서술하기가 어려우므로 시 한 수를 붙여서 마음을 드러내고자 한다.

법의 젖 먹여 주신 깊은 은혜 하늘처럼 넓고 큰데	法乳恩深天廣大
슬프구나, 스승님께 보답할 힘이 없네.	哀哉無力報先師
붓으로 덕을 적는 일은 참으로 아이들 장난일 뿐이니	毛錐記德眞兒戲
영원토록 사람마다 그 입이 바로 비석이 되리.	萬世人人口是碑

정통正統 5년 경신년(1440년, 세종 22) 7월 일에 문인 문수文秀가 씀.

涵虛堂得通和尙行狀[1]

門人 埜[2]夫錄

師諱己和。號得通。舊名守伊。號無準。所居室曰涵虛堂。俗姓劉氏。中原人也。考諱聽。官至典客寺事。母方氏。方因無子。頌禱慈悲大聖。夜夢忽見大聖。手提孩童。納其懷。因而有娠。以洪武九年丙辰十一月十有七日。生焉。爲兒嬉戲。凡所動靜。異於常流。幼入泮宮。日記千餘言。少長深達一貫之唯。明經講學。擅其嘉聲。制述文詞。理致幽微。百爾出言。鏗鏘婉麗。錦上添花。未足爲喩。人之言曰。將北面而對揚休命。則致君澤民。經緯人倫。必無愧於周召矣。年至二十有一。見同舍友生之亡。知世無常。觀身虛幻。誓出二種生死。志求一乘涅槃。弘道以報四恩。育德以資三有。卽求出家。未凝其志。皇皇反側。無日不心乎山水間。手攜韋經。趑趄歧路。邂逅一釋。栖栖獨行。割愛親戚。徐行杖後。到冠岳山義湘菴。其僧與一老山人名覺寶者。同心薙髮。越明年丁丑早春。到檜岩寺。初叅王師無學妙嚴尊者。親聞法要。於是辭退本師。游歷諸山。戰戰勤修。又甲申仲春。再到檜岩。獨居一室。杜絶視聽。動靜食息。無少滅裂。因調睡魔。永夜經行次。不覺口自詠曰。行行忽廻首。山骨立雲中。又一日入厠還出。放下洗桶云。唯此一事實。餘二則非眞。此言。豈徒然哉。丙戌夏。歸于功德山大乘寺。是年爲始。至於己丑。四歲之間。三設般若講席。庚寅夏。到天磨山觀音崛[3]。大振覺樹玄風。普使有緣皆化。辛卯仲秋。到佛禧寺。結制三年。重新院宇。集諸丹檻。$^{4)}$ 弘揚祖風。甲午春三月。到慈母山烟峰寺。占一小室。名涵虛堂。勤修三載。曾無少息。又自丁酉。至戊戌。一冬兩夏。五家講席。三設是寺。自是以後。不約繫境長修。而乃任心自運。逍遙乎山川之阿。放曠乎人間之世。或出或處。何有局於方隅。固請固留。咸謂私我知識。話行湖海。望重人心。故因人請。庚子秋季。入于江陵五臺山。誠脩香羞。供養五臺諸聖。詣靈鑑菴。薦羞懶翁眞影。信宿其菴。夜夢有一神僧。從容謂師曰。卿名己和。厥號得通。師拜手祇受。翛然夢覺。身氣清爽。若登大淸。翼日。下月精寺。放杖脫鞋。宴處一室。以終平生。長養道胎。飢喰渴飮。消遣日月。於是囊錐已露。括難禁止。道德昭着。$^{5)}$ 播於遐邇。惟我聖上。遠紹義軒。近同文景。敬敷五敎。重述九疇。恩霑荇葦。施洽虫魚。德盖前王。聲高徃帝。而復存心三寶。留意福田。是以聞師道風。美其令聞。辛丑秋初。命住大慈御刹。爲薦先妣大妃殿下。大設靈山勝席。宗室諸王。駙馬諸君。承命奉香。濟濟親臨。請師說法。師强謝不已。高升法座。肇開法要。其聲淸亮。理致玄奧。自然成律。風行水文。遠近見聞。無不悅服。兩宗五敎。諸山衲子。蒼蒼濟濟。悉皆岡措。自尒仍閱四載。甲辰秋。上書辭退。游吉祥功德雲岳諸山。隨緣度日。忽思張皇三學。大闡一乘。普令七衆。咸到如來正覺之域。挽回眞風。扶樹末運。於辛亥秋。皈于嶺南曦陽山鳳岾$^{6)}$寺。重葺頹落。修營已畢。師更以妙淨宿知。靜觀時態。時方末葉。去聖愈遠。機敎陵夷。法不可弘。還收前日之所期。未遂素懷之三事。宣德八年癸丑三月二十五日。故託微恙。身心不豫。至四月一日申時初刻。卓然靜坐曰。湛然空寂。本無一物。靈光赫赫。洞澈十方。更無身心。受彼生死。去來徃復。也無罣礙。少選又曰。臨行擧目。十方碧落。無中有路。西方極樂。此乃寂後永訣也。語聲才盡。蕭然而逝。留寺五日。顔色如常。曾無少異。茶毗已訖。拾取齒骨。香水洗之。縈$^{7)}$骸設利羅。赫然光潤。當是時也。異香滿洞。行者皆聞。拜手低頭。罔不敬信者矣。孝寧大君閣下。親啓$^{8)}$聰。命諸徒弟。樹浮屠於四處。不日之間。七衆子來。造石室以安厝。設嘉會以展禮。人之皈附。

受道佩戒者。雲屯輻輳。尤於前日。掘指成胝。不可勝數。所謂現壽量以存存。示生滅而化化者矣。師壽五十八。法臘三十八。先師平生所著經論註疏詩賦篇章。固不爲不多矣。然散在諸處。未能盡求。但以手書圓覺疏三卷。般若五家說誼一卷。顯正論一卷。般若懺文二帙。綸貫一卷。對靈小叅下語等。校正之。書之數本。留鎭願刹。示之於後。然先師德行。固已偉矣。實非弱辭草語。所能稱述。然余强爲記之。垂於後世者。所以崇孝故也。是孝子孝孫之至誠也。又況職在秉筆。何敢固讓。肆不獲已。粗記始末。以傳不朽云爾。記行之言。雖已窮。而慕師之意。實難盡叙故。係之以詩一首。露之以情悰。法乳恩深天廣大。哀哉無力報先師。毛錐記德眞兒戲。萬世人人口是碑。正統五年庚申。七月。日。門人。文秀書。

---

1) ㉮ 이 행장은 저본에는 간기 뒤에 있는데 『한국불교전서』 편자가 이곳으로 옮겨 놓았다. 2) ㉮ '埜'는 을본에 '野'로 되어 있다. 3) ㉮ '掘'은 을본에 '窟'로 되어 있다. ㉯ 번역은 을본에 따른다. 4) ㉮ '丹樾'은 을본에 '檀越'로 되어 있다. ㉯ 번역은 을본에 따른다. 5) ㉮ '蒼'은 을본에 '著'로 되어 있다. 6) ㉮ '岾'는 을본에 '巖'으로 되어 있다. 7) ㉮ '紮'은 을본에 '粘'으로 되어 있다. 8) ㉮ '啓'은 을본에 '啓'로 되어 있다.

판은 희양산 봉암사에 남겨 둠.

모연한 문인 : 학미學眉, 달명達明, 지생智生, 해수海修, 도연道然, 윤오允悟, 원징元澄.

도운 이 : 전前 교관敎官 전여필全汝弼, 안주安州 최씨崔氏 정정正貞, 전前 영춘永春 최경손崔敬孫, 전前 주부注簿 이지보李地保, 우씨禹氏, 전前 호군護軍 이인보李人保, 전前 호군護軍 유굉劉玆, 유양한劉陽漢, 김발金拔, 오돈五敦, 최덕崔德, 신계信戒, 성가이性加伊.

각수 : 정심正心, 신공信空, 돈수頓修.

留板曦陽山鳳岩寺。

募緣門人。學眉。達明。智生。海修。道然。允悟。元澄。

助揚。前敎官全汝弼。安州崔氏正貞。前永春崔敬孫。前注簿李地保。禹氏。前護軍李人保。前護軍劉玆。劉陽漢。金拔。五敦。崔德。信戒。性加伊。

刻手。正心。信空。頓修。

주

1 소경공昭頃公 : 태종과 원경 왕후의 네 번째 아들 성녕대군誠寧大君을 말한다.
2 아홉 가지 연꽃 : 극락에 있는 아홉 종류의 연꽃을 말한다.
3 "그렇습니다."라고 말한 뜻 : 공자의 가르침을 말한다. 『논어』「이인里仁」편에 다음과 같은 말이 있다. "스승께서 말씀하셨다. '삼아, 나의 도는 하나로 꿰뚫고 있다.' 증자가 말하였다. '알겠습니다.'(子曰. 參乎. 吾道一以貫之. 曾子曰. 唯.)"
4 『주역』 : 원문의 '韋經'을 '가죽 끈으로 묶은 경전'으로 보고, 공자가 『주역』을 공부하느라 책을 묶은 가죽 끈이 세 번이나 끊어졌다는 고사와 기화의 저술 속에 『주역』이 자주 인용되고 있다는 점에 착안하여 『주역』으로 보았다.
5 한漢나라의 문제文帝나~같이 하여 : 한漢나라의 문제文帝와 경제景帝 두 임금이 대를 이어 나라를 잘 다스렸는데, 이를 '문제와 경제의 통치(文景之治)'라고 부른다.
6 칠중七衆 : 비구比丘, 비구니比丘尼, 우바새優婆塞, 우바이優婆夷, 사미沙彌, 사미니沙彌尼, 식차마나式叉摩那인데, 출가자와 재가자를 모두 포괄한 전체 불교인을 가리킨다.
7 한량없는 목숨을~변화하게 한다 : 계환戒環의 『법화경요해法華經了解』「여래수량품如來壽量品」에 나오는 말로, 여래가 한량없는 목숨을 보이기도 하고, 세상을 떠나는 모습을 보이기도 하면서 자재롭게 중생을 교화하는 것을 말한다.

찾아보기

각보覺寶 / 281
감로사 / 161
강경법회講經法會 / 7
강릉江陵 / 282
강서사 / 260
강월 / 172, 191
강월헌江月軒 / 71, 77, 81, 172, 173
걸대傑大 / 9, 94
경제景帝 / 283
고령 선사 / 215
공덕산 / 6, 7, 281, 283
공림사 / 188
공비恭妃 전하 / 35
공자 / 179, 248
관악산 / 281
관음굴觀音窟 / 281
관음사 / 183, 184, 185
구룡산 / 252
굴원 / 216
권연 / 269
극락 / 146
극락왕생 / 11
『금강경』 / 7
『금강경오가해金剛經五家解』 / 282
『금강반야바라밀경오가해설의金剛般若波
 羅蜜經五家解說誼』 / 8
『금강반야바라밀경윤관金剛般若波羅蜜經綸
 貫』 / 8

금강산金剛山 / 62, 245
급암 도 / 206
기화己和 / 280, 283
길상산 / 7, 283
김발金拔 / 289

나옹 화상 / 7, 173
노자老子 / 76, 248
『능엄경』 / 183

달명達明 / 289
『대방광원각수다라요의경설의大方廣圓覺
 修多羅了義經說誼』 / 8
『대승기신론大乘起信論』 / 100
대승사 / 6, 281
대자암大慈庵 / 71
도연道然 / 289
도연명 / 17, 250
돈수頓修 / 289
돈해 상인 / 183
두 공부 / 262
득통得通 / 280, 283

마리산 정수암 / 160
마명보살馬鳴菩薩 / 100
멱라수 / 216
목은 / 161, 246
묘엄 존자妙嚴尊者 / 281
무산 / 220
무용 대화상無用大和尙 / 81
무의 / 191
무준無準 / 5, 280
무학無學(무학 자초無學自超) / 6, 7, 71, 281
문수文秀 / 286
문제文帝 / 283

ㅂ

반공 / 243
반궁泮宮(성균관) / 280
반야般若 / 126
반야경般若經 / 281
『반야오가설의般若五家說誼』 / 285
『반야참문般若懺文』 / 285
백련사 / 170, 195
범려 / 217
『범망경』 / 165
법왕法王 / 122
『법화경』 / 112, 183, 278
벽곡 / 264
보림사 / 225
보조 / 238, 239, 240
복희씨伏羲氏 / 283

봉녕군 / 45
봉녕부원군奉寧府院君 이복근李福根 / 9
봉암사鳳巖寺 / 7, 283, 289
부도 / 285
부소산扶蘇山 / 81, 212, 214
불족산 / 171
불희사佛禧寺 / 6, 282
비돈匪豚 / 9, 97

사리 / 285
삼화 휘선 노장 / 184
상우 상암尙愚上菴 / 76
서원 부흥사 / 191
서원 허 목천 / 163
선재동자 / 190
『선종영가집과주설의禪宗永嘉集科註說誼』 / 8
선・준 두 사미 / 193
성가이性加伊 / 289
성균관 / 281
성녕대군誠寧大君 / 9, 39
소경공昭頃公 / 39, 41, 278
소공召公 / 280
소식蘇軾 / 166
소정 / 224, 229, 232
「소참에서 혼령에게 내린 말(對靈小參下語)」 / 285
속리동 / 187
속리산 / 183, 184
송도 / 214
수닷타 장자 / 226

수이守伊 / 5, 280
수정교 / 187
숙량 / 225
순임금 / 248
승가사 / 6
승천포 / 213
신계信戒 / 289
신공信空 / 289
신륵사 / 172
신미信眉 / 8
쌍곡雙谷 / 209

ㅇ

『아미타경』 / 152
아미타불 / 140
안수희 / 169
안양사 / 208
안 주부【수희】 / 168
안회 / 248
야보 천치父川 / 66
야부野夫 / 5, 9, 29, 278
야사夜奢 / 100
야운 각우 / 173
야운당 / 173
양계 / 195
양근 / 202
양자강 물결 / 217
양종兩宗 / 283
어찰御刹 대자사大慈寺 / 7, 283
여망 / 246
여산 / 16, 162
여산삼소도 / 259

여산 호계 / 259
연봉사烟峰寺 / 6, 282
연봉정사煙峰精舍 / 30
염불 / 99
염불향사念佛香社 / 64
영감암靈鑑菴 / 282
영산승석靈山勝席 / 283
영운靈雲 / 77
오강 물결 / 217
오교五敎 / 283
오대산五臺山 / 7, 282
오돈五敎 / 289
오자서 / 217
옥봉玉峰 / 61, 62
왕방산 낙도암 / 206
요의경 / 159
요임금 / 248
용화 노장 / 189
우봉 / 253
우씨禹氏 / 289
운악산雲岳山 / 7, 82, 85, 202, 268, 283
『원각경』 / 7, 106, 159
『원각경소圓覺經疏』 / 285
원경 왕태후 / 36, 38, 278
원경 왕후元敬王后 / 9, 35
원징元澄 / 289
월강 경 / 206
월정사月精寺 / 282
유굉劉宏 / 289
유양한劉陽漢 / 289
유유민 / 170
육수정 / 16
육조 대사 / 225
『윤관綸貫』 / 285

윤오允悟 / 289
의상암義湘庵 / 6, 281
이공전 / 47
이 상국【귀령】 / 207
이인보李人保 / 289
이적 / 170, 236, 245, 254
이 정승【귀령】 / 175
이【종직】 / 202
이지보李地保 / 289
익재 / 262
인동 수령 / 166
인북루 / 232
〈임종게臨終偈〉 / 7
임진강 / 211

자모산慈母山 / 6, 62, 282
자적自適 / 168
장자 / 248
전비돈全匪豚 / 97
전여필全汝弼(소정紹丁) / 5, 8, 9, 31, 289
정륜 / 215
정 상국鄭相國 / 42
정심正心 / 289
정암 도인定庵道人 / 17, 278
정토신앙 / 11
조계종曹溪宗 / 77
조주趙州 노인 / 61
종자기 / 212
종풍宗風 / 129
주공周公 / 280
『주역』 / 281

준 상인 / 160
지생智生 / 289
지 소윤 / 254
직숙 / 224
진산珍山 화상 / 9, 66, 67, 69, 71

천마산天磨山 / 6, 92, 281
천보산 / 175, 181
청심당 / 269
청허淸虛 / 168
청헌자 / 195, 203
최경손崔敬孫 / 169, 289
최덕崔德 / 289
최씨崔氏 정정正貞 / 289
춘곡春谷 정 상국鄭相國 / 42
『춘추』 / 246

평산平山 / 30
풍악산 / 245

학미學眉 / 8, 9, 29, 289
한 상국 / 209
함허당涵虛堂 / 6, 280, 282
함허당涵虛堂 득통 기화得通己和 / 5
「함허당득통화상어록 서涵虛堂得通和尙語

錄序」/ 9
「함허당 득통 화상의 행장(涵虛堂得通和尙
  行狀)」/ 9
해수海修 / 289
해신 / 185
향엄香嚴 / 77
향적불香積佛 / 61
허목천 / 165
허유 / 246
헌원씨軒轅氏 / 283
현등사懸燈寺 / 88, 159, 234, 238
현등산 / 234, 243
『현정론顯正論』/ 8, 285

혜봉惠峰 / 64
혜원 / 16, 170
홍섭 / 58
홍준洪俊 / 158
홍준弘濬 / 8
화산華山 / 168, 169
『화엄경』「현수품」/ 78
화장산華藏山 / 81
환인 / 200
황정견黃庭堅 / 166
회암사檜巖寺 / 6, 71, 281
효령대군孝寧大君 / 285
희양산曦陽山 / 7, 182, 224, 283, 289

한글본 한국불교전서

조·선·출·간·본

조선1 작법귀감
백파 긍선 | 김두재 옮김 | 신국판 | 336쪽 | 18,000원

조선2 정토보서
백암 성총 | 김종진 옮김 | 4X6판 | 224쪽 | 12,000원

조선3 백암정토찬
백암 성총 | 김종진 옮김 | 4X6판 | 156쪽 | 9,000원

조선4 일본표해록
풍계 현정 | 김상현 옮김 | 4X6판 | 180쪽 | 10,000원

조선5 기암집
기암 법견 | 이상현 옮김 | 신국판 | 320쪽 | 18,000원

조선6 운봉선사심성론
운봉 대지 | 이종수 옮김 | 4X6판 | 200쪽 | 12,000원

조선7 추파집·추파수간
추파 홍유 | 하혜정 옮김 | 신국판 | 340쪽 | 20,000원

조선8 침굉집
침굉 현변 | 이상현 옮김 | 신국판 | 300쪽 | 17,000원

조선9 염불보권문
명연 | 정우영·김종진 옮김 | 신국판 | 224쪽 | 13,000원

조선10 천지명양수륙재의범음산보집
해동사문 지환 | 김두재 옮김 | 신국판 | 636쪽 | 28,000원

조선11 삼봉집
화악 지탁 | 김재희 옮김 | 신국판 | 260쪽 | 15,000원

조선12 선문수경
백파 긍선 | 신규탁 옮김 | 신국판 | 180쪽 | 12,000원

조선13 선문사변만어
초의 의순 | 김영욱 옮김 | 4X6판 | 192쪽 | 11,000원

조선14 부휴당대사집
부휴 선수 | 이상현 옮김 | 신국판 | 376쪽 | 22,000원

조선15 무경집
무경 자수 | 김재희 옮김 | 신국판 | 516쪽 | 26,000원

조선16 무경실중어록
무경 자수 | 성재헌 옮김 | 신국판 | 340쪽 | 20,000원

조선17 불조진심선격초
무경 자수 | 성재헌 옮김 | 신국판 | 168쪽 | 11,000원

조선18 선학입문
김대현 | 성재헌 옮김 | 신국판 | 240쪽 | 14,000원

조선19 사명당대사집
사명 유정 | 이상현 옮김 | 신국판 | 508쪽 | 26,000원

조선20 송운대사분충서난록
신유한 엮음 | 이상현 옮김 | 신국판 | 324쪽 | 20,000원

조선21 의룡집
의룡 체훈 | 김석군 옮김 | 신국판 | 296쪽 | 17,000원

조선22 응운공여대사유망록
응운 공여 | 이대형 옮김 | 신국판 | 350쪽 | 20,000원

조선23 사경지험기
백암 성총 | 성재헌 옮김 | 신국판 | 248쪽 | 15,000원

조선24 무용당유고
무용 수연 | 이상현 옮김 | 신국판 | 292쪽 | 17,000원

조선25 설담집
설담 자우 | 윤찬호 옮김 | 신국판 | 200쪽 | 13,000원

조선26 동사열전
범해 각안 | 김두재 옮김 | 신국판 | 652쪽 | 30,000원

조선27 청허당집
청허 휴정 | 이상현 옮김 | 신국판 | 964쪽 | 47,000원

조선28 대각등계집
백곡 처능 | 임재완 옮김 | 신국판 | 408쪽 | 23,000원

조선 29 반야바라밀다심경략소연주기회
석실 명안 엮음 | 강찬국 옮김 | 신국판 | 296쪽 | 17,000원

조선 30 허정집
허정 법종 | 성재헌 옮김 | 신국판 | 488쪽 | 25,000원

조선 31 호은집
호은 유기 | 김종진 옮김 | 신국판 | 264쪽 | 16,000원

조선 32 월성집
월성 비은 | 이대형 옮김 | 4X6판 | 172쪽 | 11,000원

조선 33 아암유집
아암 혜장 | 김두재 옮김 | 신국판 | 208쪽 | 13,000원

조선 34 경허집
경허 성우 | 이상하 옮김 | 신국판 | 572쪽 | 28,000원

조선 35 송계대선사문집 · 상월대사시집
송계 나식 · 상월 새봉 | 김종진 · 박재금 옮김 | 신국판 | 440쪽 | 24,000원

조선 36 선문오종강요 · 환성시집
환성 지안 | 성재헌 옮김 | 신국판 | 296쪽 | 17,000원

조선 37 역산집
영허 선영 | 공근식 옮김 | 신국판 | 368쪽 | 22,000원

신 · 라 · 출 · 간 · 본

신라 1 인왕경소
원측 | 백진순 옮김 | 신국판 | 800쪽 | 35,000원

신라 2 범망경술기
승장 | 한명숙 옮김 | 신국판 | 620쪽 | 28,000원

신라 3 대승기신론내의약탐기
태현 | 박인석 옮김 | 신국판 | 248쪽 | 15,000원

신라 4 해심밀경소 제1 서품
원측 | 백진순 옮김 | 신국판 | 448쪽 | 24,000원

신라 5 해심밀경소 제2 승의제상품
원측 | 백진순 옮김 | 신국판 | 508쪽 | 26,000원

신라 6 해심밀경소 제3 심의식상품 제4 일체법상품
원측 | 백진순 옮김 | 신국판 | 332쪽 | 20,000원

신라 12 무량수경연의술문찬
경흥 | 한명숙 옮김 | 신국판 | 800쪽 | 35,000원

신라 13 범망경보살계본사기 상권
원효 | 한명숙 옮김 | 신국판 | 272쪽 | 17,000원

신라 14 화엄일승성불묘의
견등 | 김천학 옮김 | 신국판 | 264쪽 | 15,000원

신라 15 범망경고적기
태현 | 한명숙 옮김 | 신국판 | 612쪽 | 28,000원

고 · 려 · 출 · 간 · 본

고려 1 일승법계도원통기
균여 | 최연식 옮김 | 신국판 | 216쪽 | 12,000원

고려 2 원감국사집
충지 | 이상현 옮김 | 신국판 | 480쪽 | 25,000원

고려 3 자비도량참법집해
조구 | 성재헌 옮김 | 신국판 | 696쪽 | 30,000원

고려 4 천태사교의
제관 | 최기표 옮김 | 4X6판 | 168쪽 | 10,000원

고려 5 대각국사집
의천 | 이상현 옮김 | 신국판 | 752쪽 | 32,000원

고려 6 법계도기총수록
저자 미상 | 해주 옮김 | 신국판 | 628쪽 | 30,000원

고려 7 보제본자삼종가
고봉 법장 | 하혜정 옮김 | 4X6판 | 216쪽 | 12,000원

고려 8 석가여래행적송 · 천태말학운묵화상경책
운묵 무기 | 김성옥 · 박인석 옮김 | 신국판 | 424쪽 | 24,000원

고려 9 법화영험전
요원 | 오지연 옮김 | 신국판 | 264쪽 | 17,000원

※ 한글본 한국불교전서는 계속 출간됩니다.

득통 기화得通己和
(1376~1433)

속성은 유씨劉氏이고, 본향은 중원中原이며, 1376년(고려 우왕 2)에 태어났다. 어려서부터 유교를 배웠고, 자라서는 성균관에서 새로 도입된 성리학을 배우던 유교 지식인이었으나, 동무의 죽음을 계기로 관악산 의상암에서 출가하였는데, 조선이 개국한 뒤인 1396년(태조 5)의 일이다. 그 뒤 양주 회암사에서 무학 자초無學自超의 가르침을 받고 한동안 머물며 수행하였으며, 공덕산 대승사, 천마산 관음굴, 자모산 연봉사, 어찰 대자사 등에서 영가추천법회와 강설 등을 행하였다. 말년에는 희양산 봉암사를 중건하고 그곳에서 머물렀으며, 1433년(세종 15) 4월 1일 그곳에서 세상을 떠났다. 처음 법명은 수이守伊, 법호는 무준無準이었는데, 1420년에 기화己和와 득통得通으로 바꾸었다. 여기에 당호인 함허당涵虛堂을 더하여 '함허당 득통 기화'라 부른다. 기화는 나옹에서 무학으로 이어지는 법맥을 이어받은 선승이면서도 『금강경』과 『원각경』을 주석하고 반야강석般若講席을 비롯한 강경법회講經法會를 여러 차례 여는 등 교학의 영역에서도 뚜렷한 자취를 남겼다. 저술로는 『금강반야바라밀경오가해설의金剛般若波羅蜜經五家解說誼』·『대방광원각수다라요의경설의大方廣圓覺修多羅了義經說誼』·『선종영가집과주설의禪宗永嘉集科註說誼』·『현정론顯正論』 등이 남아 있는데, 모두 『한국불교전서』 제7권에 실려 있다.

옮긴이 박해당

1962년 지리산 아래 남원 운봉에서 태어나 고향과 전주에서 공부하였으며, 서울대학교 농경제학과에서 경제학사, 서울대학교 대학원 철학과에서 동양철학전공으로 문학석사와 철학박사 학위를 받았다. 청명 임창순 선생님의 태동고전연구소(지곡서당)에서 3년의 한문연수 과정을 마친 뒤 월운 스님의 봉선사 불경서당에서 1년간 불교한문을 배웠다. 서울대학교를 비롯한 여러 대학교에서 강의하였으며, 서울대학교 규장각한국학연구원, 동국대학교 불교학술원 불교한문아카데미 등에서 불교한문을 가르쳤다. 현재는 서울과학기술대학교 등에서 강의하는 한편 불교한문강좌를 운영하고, 동국대학교 불교학술원의 한국불교전서 역주사업에 참여하고 있다. 논문으로는 「승조의 공관」(석사학위논문), 「기화의 불교사상연구」(박사학위논문), 「중국 초기불교의 인간 이해」, 「조계종의 법통설에 대한 비판적 검토」 등이 있으며, 번역서로 『중국불교』(상, 하)가 있다.

교감 및 증의
이종찬(동국대학교 국어국문학과 명예교수)